ज्योतिष का पहला पाठ

ज्योतिष का पहला पाठ

डॉ. ज्ञान सिंह मान
एम.ए., पीएच.डी.; डी लिट्.
डायरेक्टर
डिवाइन ऐस्ट्रोज़
सेंटर फ़ॉर डिवाइन प्रिडिक्शन,
मेडिटेशन ऐण्ड रिसर्च

वाणी प्रकाशन

वाणी प्रकाशन

4695, 21-ए, दरियागंज, नयी दिल्ली 110 002

शाखा

अशोक राजपथ, पटना 800 004

फ़ोन : +91 11 23273167 फ़ैक्स : +91 11 23275710

www.vaniprakashan.in

vaniprakashan@gmail.com

sales@vaniprakashan.in

JYOTISH KA PAHLA PATH

by Dr. Gyan Singh Maan

ISBN : 978-81-8143-928-4

Culture/Jyotish

संस्करण 2009

आवृत्ति 2016

मूल्य : ₹100

रजौरिया प्रिंटर्स, दिल्ली-110 093 में मुद्रित

वाणी प्रकाशन का लोगो मक़बूल फ़िदा हुसेन की कूची से

इस पुस्तक के बारे में

ज्योतिष विद्या की लोकप्रियता सर्वमान्य है। जन-जीवन में इसका महत्त्व कल या आज है और कल भी रहेगा। ज्योतिष शास्त्र पर अध्ययन, अन्वेषण, मनन तथ चिन्तन की सम्भावनाएँ सदा बनी रहती हैं।

यह विद्या समाज के प्रत्येक वर्ग और क्षेत्र में हमेशा चर्चा का विषय रहती , परन्तु इस के विधिवत् शिक्षण और अध्ययन की कहीं उचित व्यवस्था नहीं है। च्च सरकारी संस्थाओं में भी इस शास्त्र को कोई मान्यता प्राप्त नहीं है। ऐसी स्थिति ं ज्योतिष के जिज्ञासु पाठकों का इस विद्या के प्रति ज्ञान प्रायः अधूरा रह जाता ।

'ज्योतिषशास्त्र का पहला पाठ' कृति उन पाठकों के मार्ग-दर्शन के लिए है ो इस शास्त्र में प्रवेश द्वार के आकांक्षी हैं। यहाँ अत्यन्त सरल एवं व्यावहारिक ली में ज्योतिष के बारे में आरम्भिक ज्ञान दिया गया है। यह रचना शास्त्रीय कठिन ब्दावली से स्वतः मुक्त है। अतः पठनीय है।

रचना के सुधि लेखक ने यहाँ ज्योतिषशास्त्र, ज्योतिष-वेत्ता तथा ग्राहक के ीच की दूरियों को मिटाने का सहज प्रयास किया है, इसीलिए यह रचना रोचक ी बन पाई है। इस पुस्तक को पढ़ने के उपरान्त कोई भी पाठक ज्योतिष के राज-मार्ग र सुगमता से आगे बढ़ सकता है।

अपनी बात

बीते कल का लेखा-जोखा तैयार करना तथा आनेवाले कल को व्यवस्थित करने का प्रयास, यह व्यावहारिक जीवन की मूल प्रवृत्ति है। भविष्य जानने की लालसा प्राणीमात्र की जन्मजात कामना रही है। यही मूल प्रवृत्ति, कामना या भारी जीवन की परतें खोलने की जिज्ञासा ज्योतिष विद्या की जननी हैं। इस विद्या, शास्त्र या विधि का उद्‌गम उसी क्षण हो गया था जब इस धरती के पहले मानव ने सूर्योदय और अस्त के प्रथम दर्शन किए होंगे तथा अत्यन्त श्रद्धेय भाव से इस अलौकिक दृश्य को नमन किया होगा। भविष्य के प्रति मानव की जिज्ञासा तथा प्राकृतिक शक्तियों के नियामक और नियन्त्रण कर्त्ता का रहस्य पाने की साधना में ज्योतिषशास्त्र के पृष्ठ-दर-पृष्ठ प्रकट होते रहे हैं, यह प्रवृत्ति आज भी पूर्ववत बनी हुई है।

ज्योतिष की साधना ऐसी ज्योति, प्रकाश या प्रभापुंज का अन्वेषण है जो भूत, वर्तमान और भविष्य के उन रहस्यों को आलोकमान करती है जिन्हें सांसारिक जीव व्यावहारिक नेत्रों से नहीं देख पाता। शायद इसीलिए इस विद्या के बहुत से रहस्य आज भी गूढ़, अस्पष्ट एवं चिन्तनीय बने हुए हैं। जड़-चेतन सृष्टि, धरती के समस्त प्राणी और जीव तथा प्राकृतिक सर्जन-विसर्जन के सब प्रारूप इस विद्या के अन्वेषण का आधार हैं ब्रह्मांड में जहाँ कहीं भी छाया, अस्पष्टता, अत्याचार और रहस्यात्मक परतें हैं उसे खोलने और प्रकाशित करने के लिए ज्योतिष की साधना मानव को दिव्य-दृष्टि प्रदान करती है। सौर-मंडल में परिक्रमा करते ग्रह एवं उपग्रह अज्ञात को ज्ञात में प्रकट करने का साधन प्रदान करते रहते हैं। आकाश मंडल तथा सौर जगत निरन्तर गतिमान है तथा प्रतिपल परिवर्तनशील है। सौर मंडल के ग्रहों की आपसी युति या वियुति जो आज है, वह कल नहीं होगी, कल है तो दिन-रात है। सूर्योदय है तो पचांग है। जब तक धरती पर सूर्योदय रहेगा, पचांग की गणना होती रहेगी। मानवीय जीवन के गूढ़तम रहस्यों को आलोकमान करने के लिए ज्योतिष शास्त्र का प्रकाश बना रहेगा।

आधुनिक युग के तनावग्रस्त व्यक्ति के लिए ज्योतिष ज्ञान एक मनोवैज्ञानिक आवश्यकता बनता जा रहा है। हर व्यक्ति चाहे सामाजिक, राजनीतिक, धार्मिक, आध्यात्मिक, सरकारी, गैर-सरकारी, व्यापार आदि वह किसी भी रूप में कार्यरत है

भविष्य जानने के लिए सदा उत्सुक रहता है। जीवन के प्रत्येक दो-राहे या चौराहे पर खड़ा दुविधाग्रस्त हर व्यक्ति ज्योतिषवेत्ता की ओर जिज्ञासु भाव से देखता है। व्यावहारिक एवं खुले जीवन में भले ही कुछ लोग ज्योतिष को तिरस्कार या हीन-भावना से देखते हों परन्तु गुप्त रूप से सभी ज्योतिषवेत्ताओं से सम्पर्क करते रहते हैं। धार्मिक संस्थानों से जुड़े मठाधीशों में तो यह प्रवृत्ति प्रायः देखने को मिलती है। अपने अनुयायियों को वे खुले मंच पर ज्योतिष के भ्रमजाल से दूर रहने का उपदेश देते हैं, स्वयं गुप्त में ज्योतिष का अन्धानुकरण करते हैं।

ज्योतिष विद्या है, कला है, विज्ञान है या फिर कोई 'सिस्टम'—इस विवाद पर टिप्पणी करना मेरा ध्येय नहीं है। ज्योतिष शास्त्र का एक तुच्छ छात्र होने के नाते पिछले चालीस पचास वर्षों में अपने अध्ययन-मनन के दौरान जो अनुभव प्राप्त किया है, उसे ही शब्दबद्ध कर रहा हूँ। ज्योतिष मूलतः व्यक्तिगत आस्था और विश्वास का विषय है। भारतीय दर्शन, संस्कृति तथा जनजीवन में इसका महत्त्व सर्वमान्य है। जिस 0प्रकार सूर्य है उसी प्रकार ज्योतिष का प्रकाश है। किसी भी शास्त्र, विज्ञान या विद्या को मानने या न मानने का प्रश्न इतना महत्त्वपूर्ण नहीं है जितना यह जानना कि अमुक विद्या है या विज्ञान और सामाजिक जीवन में कितना प्रभावशाली है। ज्योतिषशास्त्र का सामाजिक जीवन में प्रभाव और महत्त्व निर्विवाद है। वैसे तो ईश्वर के अस्तित्व को भी नकारने वालों की कमी संसार में नहीं है। पर इससे ईश्वर के ईश्वरत्व में कोई अन्तर नहीं पड़ता। ज्योतिष विज्ञान है या महज अटकल इस विषय पर माथापच्ची करने की ज़रूरत नहीं है। जो लोग ज्योतिषशास्त्र पर विश्वास करते हैं, बस करते हैं—कहीं कोई किन्तु परन्तु नहीं। इन्हीं आस्थागत लोगों में मैं भी एक हूँ।

कर्मवाद और भाग्यवाद—दोनों ही आस्थाओं के लोग इस संसार में विद्यमान हैं। कट्टर-से-कट्टर कर्मवादी भी अपना भविष्य जानने के लिए सदा उत्सुक एवं तत्पर रहता है। ज्योतिषशास्त्र किसी भी मोड़ पर कर्मवाद को नकारता नहीं है। यदि पूर्व संस्कार या प्रारब्ध के सिद्धान्त को मान लिया जाए तो कर्मवाद और भाग्यवाद एक ही सिक्के के दो पहलु प्रतीत होंगे। ज्योतिष विद्या इसी सिक्के के खरा-खोटा होने की सम्भावनाओं को सुस्पष्ट करती है। ज्योतिषशास्त्र प्राणी मात्र में विद्यमान वैश्विक जिज्ञासा-वृत्ति का प्रतिफलन है। इसीलिए यह विद्या देश, काल, सीमा, मत-मतान्तर, दर्शन विधान, धर्म आस्था आदि सभी आक्षेपों से मुक्त एवं स्वतन्त्र है। जो है, क्यों है? कल इसका क्या रूप होगा? बस यही है ज्योतिष का सार तत्त्व।

मानव अपने अस्तित्व को सुरक्षित करने तथा ज्ञान को विकसित करने के लिए अपने परिवेश से निरन्तर कुछ-न-कुछ प्राप्त करता रहता है। हर सामाजिक प्राणी की यही नियति है। व्यक्ति अपने परिवार, समाज तथा परिवेश से वरदान रूप में जो कुछ प्राप्त करता है, उसका ऋण चुकाए बिना सांसारिक यात्रा सफल नहीं हो पाती। ज्योतिष विषय पर मेरी क्रमबद्ध रचनाएँ इसी कृतज्ञतापूर्ण भाव से अभिहित

हैं। संस्कारगत रूप में ज्योतिष का आरम्भिक ज्ञान मुझे अपने पिताश्री (दिवंगत) सं० लाहौरा सिंह जी मान की उत्प्रेरणा से ही प्राप्त हुआ है। पिताश्री ज्योतिषशास्त्र के मान्य ज्ञानवेता थे। उनके आशीष के उपरान्त परिवार के गुरु वर परमपूज्य, महासिद्ध ज्योतिषाचार्य, दिवश्री, पंडित इन्द्रजीत जी कौशल (दिवंगत) के श्रीचरणों में नत-मस्तक होकर इस दैवी विद्या का मैंने एक लम्बे समय तक अध्ययन एवं मनन किया। मेरे सीमित ज्ञान कटोरे में ज्योतिषीय दैवी गंगा की जो भी पावन छलकन विद्यमान है उसका श्रेय महामानव, श्रद्धेय कौशल जी को ही है। पिताश्री तथा पूज्य गुरुवर के प्रति किसी प्रकार की शब्दबद्ध कृतज्ञता प्रकट करना मेरी ओर से कोरा दम्भ प्रतीत होगा, हाँ इन देव पुरुषों के प्रति श्रद्धाभाव से नमन करके मैं हर रोज़ पुण्य ज़रूर संचित करता हूँ।

एक लम्बे समय तक मैं प्राध्यापकीय तथा प्रशासनिक गतिविधियों में व्यस्त रहा हूँ। उसी दौरान साहित्यिक ग्रन्थों का सृजन भी जारी रहा, फलतः अब तक पचपन से अधिक पुस्तकें प्रकाश में आ चुकी हैं। ज्योतिष विषय पर मेरी पहली रचना अंग्रेज़ी भाषा में, 'मार्ज, मंगलीक एंड एस्ट्रालजी' नाम से प्रकाशित हो चुकी है। मंगल तथा मंगलीक विषय पर यह अपने ढंग की एक विशिष्ट एवं उपयोगी रचना है। अध्ययनशील ज्योतिष के जिज्ञासु वृन्द में यह ग्रन्थ पर्याप्त चर्चा का विषय रहा है। सुधी ज्योतिषवेत्ताओं तथा अन्वेषकों में इस कृति का निजी स्थान है। अपने स्नेही सूत्रों, आत्मीय मित्रों तथा प्रशंसकों के निरन्तर आग्रह और अनुरोध के परिणाम स्वरूप अब ज्योतिष विषय पर क्रमबद्ध कुछ ग्रन्थों का मनन एवं प्रकाशन आरम्भ कर रहा हूँ। इस दिशा में मुझे कितनी सफलता मिलेगी, इस पर कुछ कहना व्यर्थ होगा।

मैं अपने इष्टदेव तथा परमप्रेरक दिवश्री महाराज को शतधा नमस्कार करता हूँ, जिनकी पावन अनुकम्पा, वात्सल्य एवं स्नेह ने मुझे इस कृति को शब्द-बद्ध करने का सामर्थ्य प्रदान किया। मैं इन समस्त मनीषियों, लेखकों ज्योतिषकीय विचारकों, दार्शनिकों एवं अन्वेषकों के प्रति हार्दिक आभार एवं कृतज्ञता व्यक्त करता हूँ जिनके सूत्र, विचार एवं ग्रन्थ मेरी इस तुच्छ अवधारणा का मार्ग प्रशस्त करते रहे हैं और कर रहे हैं। अन्ततोगत्वा गुरुवाणी के इस पवित्र वाक् के साथ तद्रूप होना ही मुझे श्रेयस्कर लगता है, 'तेरा तुझको सौंप के, क्या लागे मेरा' अस्तु।

डॉ० ज्ञानसिंह मान
पी-एच०डी०; डी० लिट्

डायरेक्टर
डिवाइन एस्ट्रोज़ (रजि. सोसायटी)
सेंटर ऑफ एस्ट्रो लाइफ एंड रिसर्च
1658 चौक करीमपुरा लुधियाना-141008
दूरभाष : 0161-2721161; 2408472
मोबाइल : +91 9814330472

अनुक्रम

पहला अध्याय

ज्योतिषशास्त्र का वैज्ञानिक आधार : विश्वसनीयता और आस्था

'Whatever is born or done this moment of time has the qualities of this moment of time'

—Carl G. Jnng.

"Astrology is a science in itself and contams on illuminating body of knowledge. It taught me many things and I am greally indebted to it."

—Albert Einstein

ज्योतिष का वैज्ञानिक आधार एवं विश्वसनीयता

ज्योतिष अज्ञात के रहस्यों को आलोकित करने की एक वैज्ञानिक विधा है। यह अकाल में समय की सीमा निर्धारित करने की दैवी विद्या है। यह ज्ञान चराचर विश्व के गुप्त एवं गूढ़ तथ्यों पर सतर्क ढंग से दृष्टिपात करता है। अन्धकार एवं अज्ञानता में भटकते सांसारिक प्राणियों का माग-दर्शन करता है। यह दैवी-विद्या सरस्वती की वाक्-शक्ति, शिव की चरण गंगा, विष्णु की क्षीर-शय्या, ब्रह्मा का पावन आलेख तथा सोमसूर्य की पुण्य आरती बोला है। बृहस्पति का आशीष, शुक्र की मन्त्रणा, भौम का शौर्य, बुध का वर्चस्व, शनि का शून्यत्व तथा राहु, केतु का अन्तर्ज्ञान इस पालकी के प्रभापुंज हैं। सृष्टि के कण-कण में परिव्याप्त अनन्त चेतना इसका प्राण है। अनन्त आकाश-गंगाओं का मार्ग निर्दिष्ट करती यह ब्रह्म-विद्या जन्म-मरण के कर्म-चाक पर घूमते-विदग्ध जीवों पर अमृत-वर्षा करती है। कलाकार की कमनीयता, वैज्ञानिक की बेध-शाला, भूगोल शास्त्री के मानचित्र, सामुदायिक की पर्वत-धाराएँ, रत्नाकर की दिव्यता, गणितज्ञ की गणना, वैद्यराज चरक की चाशनी, विश्वकर्मा के सन्धिसूत्र, गणपति बाबा के पावन मोदक, पातंजल का योग मनन, गीता का ज्ञान सार, वेदों की यज्ञशाला, मनु की आचार संहिता—ये सभी इस अद्भुत एवं दैवी विद्या के पूरक हैं। इतनी व्यापक, तर्क-पूर्ण, गूढ़ एवं गहन विद्या का आधार ठोस वैज्ञानिक पद्धति ही है, इसके प्रति सन्देह नहीं है।

अज्ञात का ज्ञान, अदृश्य का साक्षीकरण, अरूप का रूपायन तथा संस्कृति का संस्कार ही ज्योतिष है। यह मानवीय संवेदनाओं से जुड़ा व्यावहारिक ज्ञान है। सौरमंडल के समस्त ग्रह, उपग्रह, राशियाँ और परिक्रमाएँ—ये सभी एक निश्चित गणना के अनुरूप क्रियाशील हैं। पृथ्वी का यात्रा पथ, नक्षत्रों का उदय और अस्त, ऋतु-चन्द्रग्रहण, धूमकेतु आगमन—ये सभी एक पूर्व निश्चित नियमों की प्रतिबद्धता का अनुसरण करते हैं। इन सभी प्राकृतिक और खगोल सम्बन्धी घटनाओं का हमारी पृथ्वी पर तथा तदनुरूप मानवीय जीवन पर गहरा प्रभाव अंकित होता है। ऐसा सौरमंडल के प्रादुर्भाव से चला आ रहा है। ज्योतिष बेला इन्हीं घटनाओं को सम्मुख रखते हुए कुंडली दर्पण से मनुष्य का भविष्य स्पष्ट करती है। यह सारी प्रक्रिया नियमबद्ध हैं, वैज्ञानिक है। डॉ॰ वी॰वी॰ रामन के अनुसार, "ज्योतिष शास्त्र के पास lclsiey gFk; kj v i$kok (relativity) है। इस शास्त्र का मूलाधार यह तथ्य है कि सूर्य से लेकर बड़े-बड़े ग्रह तक और एक ग्रह से दूसरे तक, एक प्रकार की आकाशव्यापी (ethereal) तरंगें फैली हुई हैं। जिस वस्तु को हम अन्तरिक्ष कहते हैं, वह वास्तव में एक जाल-सा है, जिसमें विभिन्न शक्तियाँ एक-दूसरे को प्रभावित कर रही हैं और स्वयं प्रभावित हो रही है!" ब्रह्मांड का एक अंश—हमारी धरती भी इन्हीं शक्तियों और तरंगों से प्रभावित होती है, वही लग्न कहलाता है। उसी के अनुरूप अन्य ग्रहों की स्थिति की गणना करते हुए गणितज्ञ कुंडली दर्शन का विधान रचता है। लग्न के समय अन्तरिक्ष में जिस प्रकार की शक्तियों, तरंगों, वायुमंडलों और ग्रहों का आदान-प्रदान चलता है उसी के अनुरूप फलित वक्ता नवजात का भविष्य विश्लेषित करता है। ये सारी प्रक्रिया नितान्त तथ्यात्मक वैज्ञानिक अन्वेषण का ही प्रारूप है।

प्रसन्नता की बात है कि आज ज्योतिष का गम्भीरतापूर्वक अध्ययन करने की इच्छा, शिक्षित लोगों में उत्तरोत्तर बढ़ती जा रही है। फिर भी स्वयं को 'वैज्ञानिक' कहलाने वाले कुछ कट्टरपंथी सामाजिक कार्यकर्ता, राजनेता, तथा धर्म-प्रणेता ज्योतिष के महत्त्व को आँखों से ओझल करने का उपक्रम करते जा रहे हैं। ज्योतिष सामान्य विद्या नहीं है; यह भारतीय ऋषियों का वरदान है तथा उनके सतत मनन, चिन्तन एवं योगसाधना से उद्‌भूत अन्तर्ज्ञान की महिमा है। साधना-योग के बल पर ऋषिगण सूक्ष्म-मापक और दूरदर्शक यन्त्रों के बिना ही इस विश्व के सम्बन्ध में सब बातें जान सकते थे; उन्हें माप और तोल सकते थे। उनका वर्गीकरण कर सकते थे। मन की एकाग्रता से जो अमूल्य फल प्राप्त किए जा सकते हैं, वह प्रयोगशाला के उपकरणों से नहीं मिल सकते। अन्तर्ज्ञान और आभ्यान्तरिक विकास द्वारा ऋषियों ने इस तथ्य को पा लिया था कि जो 'पिंड' में है वही ब्रह्मांड में है यानी मनुष्य का शरीर सृष्टि का ही प्रतिबिम्ब है! जो शरीर में है वही सृष्टि में है। इसी मौलिक सत्य को प्रकाशित करने का विज्ञान ही ज्योतिष है। ज्योतिष विद्या उस सम्बन्ध

को उजागर करती है जो मनुष्य और ब्रह्मांड के बीच विद्यमान है।

वैज्ञानिक अन्वेषण के बहुधा परिणाम कारण-कार्य नियम पर ही आधारित होते हैं। इस सम्बन्ध में बर्ट्रेण्ड रेसल का नाम है, "एक सम्बन्ध जो अनेक स्थानों पर सच्चा सिद्ध हुआ है और कभी झूठा नहीं निकला, उसके विषय में जो सम्भावना अधिक-से-अधिक मात्र में स्थिर की जा सकती है, वह यही है कि वह सदैव सत्य है।" फलित ज्योतिष के बहुधा नियम इसी परिभाषा एवं नियम के अनुरूप सत्य सिद्ध होते हैं। विशिष्ट परिस्थितियों में खास-खास घटनाएँ यदि बार-बार प्रकट होती रहें तो ज्योतिषकों के लिए अपना निर्णय देना सुगम हो जाता है। जैसा कि प्रायः देखने में आता है कि तपती दोपहरी में जन्मवाले जातकों तथा भोर से पूर्व प्रशान्त वातावरण में जन्मे जातकों में स्वभावगत अन्तर होता है। तप्त सूर्य का प्रभाव जातक को उग्रता प्रदान करता है जबकि भोर बेला का सहज वातावरण जातक को प्रशान्त एवं सौम्य वृत्ति प्रदान करता है। रात्रि की गहनता में उत्पन्न प्राणी रहस्यात्मक वृत्ति की ओर अधिक उन्मुख होते हैं। वे शीघ्र भयभीत तथा आतंकित हो जाते हैं। इसके विपरीत गोधूलि में जन्म लेने वाले जातक कुछ आराम देह स्वभाव के होते हैं। ढलती साँझ में एक विशेष प्रकार का ठहराव सृष्टि के ओर-छोर में व्याप्त रहता है, कुछ ऐसा ही ठहराव सन्ध्या की लालिमा को ओढ़ने वाले जातकों में दृष्टिगोचर होता है।

यह तथ्य सर्वविदित है कि चन्द्र की स्थिति के साथ जातक की मानसिक आवश्यकता का विशष सम्बन्ध है। कृष्णपक्ष यानी क्षीण चन्द्रमा के दिनों में जन्मे मनुष्यों तथा शुक्ल पक्ष यानी बढ़ते चन्द्र के दिनों में उत्पन्न जातकों में पर्याप्त अन्तर होता था। कृष्ण पक्ष के दिनों में मानसिक रोगियों की हालत ज्यादा चिन्ताजनक हो जाती है। हिस्ट्रिक अटैक इन दिनों बढ़ जाते हैं। अंग्रेजी में चन्द्र को 'लूना' कहा जाता है। चन्द्र का दोष बढ़ जाने पर व्यक्ति 'लूनाटिक' भाव उन्मत्त या पागल हो जाता है। ऐसा एक नहीं असंख्य सन्दर्भों में देखा गया है। मानसिक रोग और स्त्री-धर्म रोग चन्द्र-ग्रहण के दिनों अधिक प्रबल होकर प्रकट होते हैं। जातक का स्वस्थ, अस्वस्थ, सहज या विकलांग तथा आयुष्मान् होना आकाश में तत्काल चन्द्र की प्रभा और अंशों पर निर्भर करता है। यह तथ्य केवल इस बात को सांकेतित करने के लिए है कि वैज्ञानिक क्षेत्र के सभी नियम फलित ज्योतिष पर पूर्णतया लागू होते हैं। प्रसिद्ध विद्वान् लाप्लास का कथन है कि एक से कारणों का प्रभाव भी एक-सा हो जाता है। ज्योतिष एक वैज्ञानिक विधि है जिसके द्वारा ग्रहयोगों के प्रकाश में, व्यक्तियों, जातियों और राष्ट्रों की अतीत प्रवृतियों और भावी कर्मों का पता लगाया जाता है। यह विद्या ग्रहों की गतियों के प्रति जीवन की प्रक्रियाएँ बताती हैं। संस्कृत में इसे ही 'होरा शास्त्र' अथवा 'ज्योतिष' या 'काल-विज्ञान' कहते हैं। प्रसिद्ध विद्वान वी०वी० रामन् का कथन है, "यह विज्ञानों में भी परम विज्ञान है, जो कि सब प्रकार के ज्ञान कुंजी है। यह वही ज्ञान है जो मनुष्य को प्रकृति से

सम्बद्ध करता है और यह निर्धारित करता है कि मानव जीवन एक पूर्व निश्चित अनुशासन और व्यवस्था के अनुरूप चलता है।'' ब्रह्मांड में कुछ भी आकस्मिक नहीं है। आकाश में स्थित ग्रहों की चाल में जो व्यवस्था है वह अत्यन्त विलक्षण है। हैरान करनेवाली है। आकाशमंडल की मुख्यावस्था तथा भूमि पर उन तरंगों के प्रभाव को आमने-सामने रखकर ज्योतिष इसका फल कहता है, इसे ही हम सामान्य भाषा में 'ग्रहों का प्रभाव' कहते हैं महर्षि पतंजलि मानते हैं कि आध्यात्मिक सिद्धि के द्वारा एक योगी विभिन्न ग्रहों-पिंडों के साथ सीधा सम्पर्क स्थापित कर सकता है और उनके रहस्यों तथा प्रभावों को बिना यान्त्रिक उपक्रम के भी अधिगत कर सकता है।

सौर-मंडल एवं परिवार में सूर्य-चन्द्र सबसे महत्त्वपूर्ण सदस्य हैं। दोनों ही आलोकमान ग्रह हैं। मानवीय जीवन तथा इस पृथ्वी पर इन दोनों का प्रभाव शेष ग्रहों की अपेक्षा अधिक स्पष्टता एवं सुगमता से अनुभव किया जा सकता है। वेदों में सूर्य को जगदात्मा के नाम से पुकारा गया है। वह दृश्यमान परमेश्वर है, मानव शरीर में आत्म-कारक और ऊर्जा का प्रतीक है। वराह-मिहिर सूर्य को कालात्मा कहते हैं, क्योंकि समय (काल) का अस्तित्व सूर्य से ही है। वास्तव में सूर्य ही जीवन-शक्ति का मूल-स्रोत है प्रकृति के समग्र पदार्थ सूर्य द्वारा ही चैतन्य अथवा क्रियाशीलता को प्राप्त करते हैं। जब सूर्य और चन्द्रमा में युति होती है अर्थात् अमावस्या होती है तो वे दोनों अपनी शक्तियाँ एक ही समय भू-गोल के एक ही भाग पर केन्द्रित कर देते हैं। ऐसे समय धरती और सागर पर असामान्य घटनाएँ उत्पन्न होती हैं डॉ० वी० गोरे का कहना है कि यह सर्वथा बुद्धि-संगत है कि सूर्य और चन्द्रमा की स्थितियाँ समुद्रजल को प्रभावित करके 'टाईडज' उत्पन्न करती हैं; यही नहीं वे पृथ्वी तल पर संचित अन्य वनस्पतियों तथा मनुष्यों पर भी प्रभाव डालती हैं। प्रयोगों से यह विदित हुआ है कि मक्की की खेती तब अच्छी होती है, यदि उसे पूर्णिमा के दो दिन पूर्व बोया जाय। इसी प्रकार सूर्य-ग्रहण नेत्र ज्योति तथा अन्य जन-मारी रोगों पर भी प्रभाव डालते हैं।

पेरिस के प्रसिद्ध विद्वान् एफ. चैपल ने अपने प्रयोगों द्वारा सिद्ध किया है कि मनुष्य की जन्म-संख्या, तथा सूर्य मार्ग में चन्द्र के परिभ्रमण की स्थितियों में गहरा तालमेल है, उन्होंने सिद्ध किया है कि अधिकांश स्त्रियों में मासिक धर्म चान्द्रमास की एक निश्चित तिथि को होता है। यदि व्यक्तिगत रूप में देखा जाए तो मासिक धर्म प्रायः उस समय होता है, जब चन्द्रमा जनपत्री में दिए हुए एक स्थिर बिन्दु पर, पहुँच जाए। वराह-मिहिर आचार्य ने 'बृहज जातक' में स्पष्ट किया है कि स्त्री को प्रतिमास रजोदर्शन उस समय होता है जब चन्द्रमा लग्न में 'उपछाय' में होता है। रजः स्राव मंगल तथा चन्द्रमा की परस्पर प्रतिक्रियाओं के कारण होता है। इसी प्रकार विभिन्न अनुसंधानों ने निर्विवाद रूप से सिद्ध कर दिया है, कि

जल-वायु का मनुष्य के परिवर्धन, जीवन शक्ति, जनन-क्षमता, अपराध-वृत्ति, समृद्धि और सिद्धि पर पर्याप्त प्रभाव पड़ता है। डॉ० बुडाई का कथन है कि अमावस्या और पूर्णिमा की तिथियों एवं इनसे पूर्वापर के दो-दो दिन, स्वास्थ्य के लिए विशेषतया भयावह होते हैं। डॉ० बुड़ाई का यह मत ज्योतिष के सर्वमान्य सिद्धान्तों के सर्वथा अनुकूल है। श्री एम०वी० रामकृष्णन लिखते हैं, "वैसे तो सभी रोग, पर विशेषतया त्वचा-रोग, उन्माद और मृगी, चन्द्रमा के प्रभाव के कारण उत्पन्न समझे जाते हैं। हम अपने अनुभव से जानते हैं कि व्याधियों की प्रचंडता अमावस्या के समय बढ़ जाती है! इसे कोई नकार नहीं सकता।"

प्रसिद्ध वैज्ञानिक क्राफ्ट (Krafft) ने चन्द्रमा की स्थिति को सम्मुख रखते हुए कुछ अनुसन्धान किए जो अत्यन्त महत्त्वपूर्ण हैं, उनके अनुसार–

(1) जब चन्द्रमा कुम्भ राशि के उत्तरार्द्ध में हो तो जनसंख्या में विलोकनीय न्यूनता हो जाती है। परन्तु जब वह मीन के प्रथम दश अंशों में होता है, तो पूर्व क्षति की पूरक, उतनी ही वृद्धि हो जाती है।

(2) पूर्णिमा को पुंलिंगीय जातकों की संख्या घट जाती है परन्तु पूर्णिमा के तीन बाद उनकी संख्या सबसे अधिक हो जाती है।

(3) जब चन्द्रमा दक्षिण से सूर्य पथ की ओर अग्रसर होता है तो जनसंख्या बढ़ती जाती है, और अधिकतम उस समय होती है, जब वह फल-बिन्दु यानी (Node) से तीन अथवा चार अंश पीछे रह जाती है।

(4) पुंलिंगीय जन्म सूर्य से अधिक प्रभावित होते हैं और स्त्रीलिंगीय चन्द्र से।

ज्योतिष शास्त्र में मंगल शौर्य, युद्ध, उग्रता, रक्तपात, आदि प्रवृत्तियों का प्रतीक माना गया है। हैरानी की बात है कि विश्व के प्रमुख सेनानायकों की कुंडलियों में यह ग्रह प्रबल रूप में अवस्थित देखा गया है। फ्रांस के एक प्रसिद्ध गणितज्ञ पॉल शाईनार्ड ने लगभग 1200 ऐसे व्यक्तियों की जन्मपत्रियों का विश्लेषण किया जो सेना-वृत्ति से जुड़े हुए थे। उनके जन्म समय मंगल की दृष्टि अन्य ग्रहों पर प्रबल थी, परिणामतः वे व्यक्ति सैन्य-बल की ओर प्रवृत्त हुए! ज्योतिष के विद्यार्थियों ने सम्यक् सिद्ध कर दिया है, कि भूकम्प उस समय आते हैं जब अनिष्टकारक ग्रहों की युतियाँ किसी राष्ट्र के लग्न पर हों। भूकम्प के कारणों के सम्बन्ध में ज्योतिषियों का सिद्धान्त बड़े-बड़े वैज्ञानिकों को चकित कर देता है। भूकम्प का कारण केवल भूगर्भ के भीतर किसी गड़बड़ का होना नहीं है अपितु विभिन्न ग्रहों की युतियाँ होती हैं जो सम्मिलित रूप से अपनी तरंगों के द्वारा पृथ्वी को आकृष्ट करती हैं। इसी प्रकार धूमकेतुओं के उदय होने के साथ ही जानमारियाँ फैलीं, युद्ध हुए, राजपाट उलट-पलट हुए, दुर्भिक्ष पड़े तथा भूचाल आए। इस प्राकृतिक कारण के पीछे भी आकाश में विचरण करते ग्रहों की भिन्न-भिन्न युतियाँ ही हैं। इन्ही युतियों के आधार पर भावी धूमकेतुओं की गणना तथा काल निर्धारित करने की प्रक्रिया चलती रहती

है। विश्व के सुप्रसिद्ध नाटककार सेक्सपीयर ने भी सम्भवतः स्वज्ञा द्वारा धूमकेतुओं के प्रकट होने की सार्थकता को भाँप लिया था। उनके कथनानुसार, "भिखारी मरे तो कहीं धूमकेतु दिखाई नहीं पड़ते; राजपुत्रों के स्वर्ग गमन की घोषणा साक्षात् आकाश पिंड ज्वलन्त होकर करते हैं।"

इन समस्त तथ्यों के आलोक में एक बात स्वतः स्पष्ट हो जाती है कि भविष्य एकदम अनिश्चित नहीं है। भविष्य के बारे में हमारा ज्ञान अनिश्चित है अधूरा है। भविष्य हमें दिखाई नहीं देता। इसीलिए भ्रममूलक बातें उत्पन्न होती हैं। ज्योतिष भविष्य देखने की एक प्रक्रिया है। ऐसी कई अन्य प्रक्रियाएँ भी हैं जैसे कि हाथ पर खिंची लकीरें, मनुष्य के माथे की रेखाएँ, मनुष्य के पैरों के चिह्न आदि। कहा जा सकता है कि ज्योतिष न केवल एक अत्यन्त मनोरंजक बौद्धिक अध्ययन है, प्रत्युत एक अद्भुत उपकरण है जिससे भावी घटनाओं का मूल कारण स्पष्ट किया जा सकता है। ज्योतिष एक व्यापक विद्या है, जो ब्रह्म-सहोदर है, इसे संकुचित अर्थों में विज्ञान नहीं कहा जा सकता। ज्योतिष का आधार विज्ञान द्वारा प्रदत्त तथ्य ही है। एक विषय जो जीवित पदार्थों से सम्बन्ध रखता हो वह महज विज्ञान नहीं हो सकता, इसमें कलात्मकता का अंश प्रविष्ट होना स्वाभाविक है। कारण-कार्य अन्वेषण में जुड़े जिज्ञासुओं के लिए यह विज्ञान है, व्यावहारिक जगत् के प्राणियों के लिए यह श्रद्धा का विषय है, वैदिक अनुष्ठानों से सम्बद्ध मनीषियों के लिए यह पूज्य है, सहज मनोवृत्ति वालों की यह कला है, तथा अत्यन्त गंगाओं को नापने की आकांक्षा करनेवाले आराधकों के लिए यही ज्योतिष ब्रह्म-विद्या है, ज्ञान चक्षु है।

दूसरा अध्याय

सौरमंडल में क्या कुछ है
खगोल शास्त्र का परिचय

खगोल शास्त्र

सौर मंडल—सौरमंडल के अन्तर्गत तारों, उपग्रहों, ग्रहों, धूमकेतु, धूलकण, गैसीय कण आदि की चर्चा की जाती है। सुप्रसिद्ध खगोल शास्त्री श्री वी०पी० जैन (खगोल शास्त्र) ने सौरमंडल का विवरण इस प्रकार दिया है—

तारे—तारे स्वतः दीप्त पिंड हैं, और अन्तरिक्ष में प्रकाश तथा गर्मी उत्सर्जित करते हैं। सूर्य एक तारा है। नक्षत्र-मंडल तारों के समूहों से बना है।

ग्रह—नियत तारों, सूर्य एवं चन्द्रमा के अतिरिक्त आँखों से सीधे दिखाई पड़ने वाले अन्य पिंड भी आकाश में हैं जो सूर्य के चारों ओर भ्रमण करते हैं चूँकि स्थिर तारों के बीच इनकी गति अनिश्चित (उनसे अलग) है अतः इन्हें ग्रह या घुमक्कड़ तारे कहते हैं। स्थिर तारे आकाश में टिमटिमाते हैं जबकि ग्रहों की चमक एक समान (स्थिर) दिखाई पड़ती है। ग्रह जिन्हें हम सीधी आँखों से देख सकते हैं वे हैं—बुध, शुक्र, मंगल, बृहस्पति तथा शनि जबकि अरुण, वरुण तथा यम या यूरेनस, और प्लूटों को हम दूरबीन की मदद से देख सकते है।

चन्द्रमा/उपग्रह—उपग्रह वे आकाशीय पिंड हैं जो ग्रहों के इर्द-गिर्द चक्कर काटते हैं और इस प्रकार वे ग्रहों के साथ सूर्य के चारों ओर घूमते हैं। साधारणतः इन्हें उन ग्रहों का चाँद कहा जाता है। उदाहरण स्वरूप पृथ्वी का एक उपग्रह चन्द्रमा है।

सौर-मंडल—सौर-मंडल सूर्य, ग्रहों, उपग्रहों, धूमकेतु, लघु ग्रहों तथा ग्रहों की धूलकण एवं गैसीय कण आदि से बना है। हमारा सौर-मंडल समूचे ब्रह्मांड का एक बहुत ही छोटा भाग है और हमारे लिए यह अति महत्त्वपूर्ण है, क्योंकि हम इसमें रहते हैं।

चूँकि सूर्य भी एक तारा है तथा इसके चारों ओर परिक्रमा करने वाले ग्रहों की कक्षा (Orbit) की नाभि पर स्थिति है अतः इसे सौर-मंडल कहते हैं। इसमें सिर्फ सूर्य प्रकाश उत्सर्जित कर रहा है। सौर-मंडल परिवार के शेष सदस्य सूर्य के इर्द-गिर्द परिक्रमा करते हैं तथा वे प्रकाशहीन हैं। इस सौर जगत परिवार के अन्य महत्त्वपूर्ण

सदस्य अर्थात् विभिन्न ग्रहों के उपग्रह, धूमकेतु, लघुग्रह, उल्का, उल्का पिंड आदि भी सौर-मंडल परिवार के सदस्य हैं।

हमारा सौर-मंडल सूर्य के इर्द-गिर्द केन्द्रित है तथा सभी ग्रह इसके चारों ओर दीर्घ वृत्ताकार (अंडाकार) (Elliptical) कक्षा में परिक्रमा करते हैं। कुल नौ ग्रह हैं–बुध, शुक्र, पृथ्वी, मंगल, बृहस्पति, शनि, यूरेनस, नेपचून और प्लूटो (अरुण, वरुण तथा यम) जिसमें से पृथ्वी ग्रह पर हम लोग रहते हैं। हमारे पूर्वजों ने बुध, शुक्र, मंगल, बृहस्पति एवं शनि को देख लिया था। सूर्य एवं चन्द्रमा (जिन्हें ज्योतिष शास्त्र में ग्रह माना जाता है) वास्तव में दोनों ही ग्रह नहीं हैं। सूर्य एक तारा है जबकि चन्द्रमा एक उपग्रह है। परन्तु ज्योतिष में 'ग्रह' शब्द का अनुवाद उदारता से किया गया है।

दूरबीन के अविष्कार के बाद कुछ और बड़े एवं छोटे ग्रहों को भी देखना सम्भव हुआ। सूर्य से दूरी के क्रमानुसार ज्ञात ग्रहों के नाम इस प्रकार हैं–

आन्तरिक ग्रह–बुध, शुक्र पृथ्वी

बाह्य ग्रह या श्रेष्ठ ग्रह–मंगल, लघुग्रह, बृहस्पति, शनि, यूरेनस (अरुण), नेपचून (वरुण), प्लटो (यम)।

इन ग्रहों की सूर्य से दूरी के अनुसार उनकी कक्षा अर्थात सूर्य से निकटतम कक्षा निकट है तथा अति दूरी वाली कक्षा से दूर वाले ग्रह हैं (चित्र-7)।

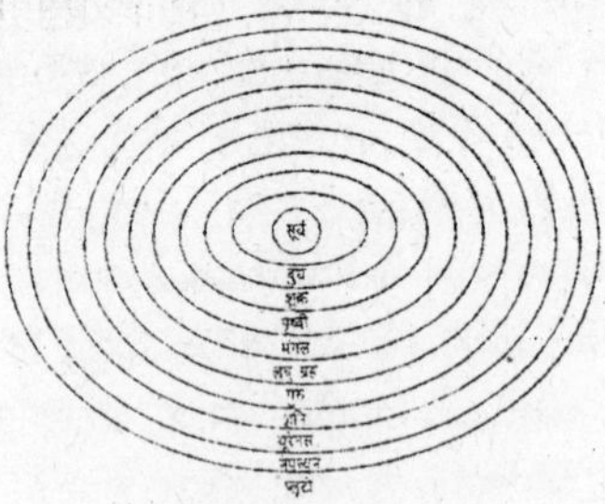

चित्र सं. 7

जिन ग्रहों की कक्षा सूर्य और पृथ्वी की कक्षा के बीच में है उन्हें अन्तःग्रह या आन्तरिक ग्रह या विकृष्ट ग्रह कहते हैं जैसे बुध और शुक्र अन्तः ग्रह हैं। जबकि जिन ग्रहों की कक्षा पृथ्वी की कक्षा से बाहर है उन्हें बाहरी ग्रह या वाह्य ग्रह या श्रेष्ठ ग्रह कहते हैं। मंगल, क्षुद्र/लघु ग्रह, बृहस्पति, शनि, यूरेनस, नेपचून, प्लूटो (अरुण, वरुण तथा यम) वाह्य ग्रह/बाहरी ग्रह/श्रेष्ठ ग्रह है।

सूर्य–पृथ्वीवासियों के लिए सूर्य सबसे महत्त्वपूर्ण आकाशीय पिंड है। सूर्य प्रकाश तथा गर्मी न सिर्फ पृथ्वी बल्कि सौर परिवार के सभी ग्रहों तथा अन्य पिंडों को देता है। सूर्य अन्य सभी ग्रहों की गतियों को नियन्त्रित करता है। हमारे प्रतिदिन के जीवन पर इसका बहुत प्रभाव पड़ता है तथा इसके बिना हमारे अस्तित्व की कल्पना

भी नहीं की जा सकती।

इसका व्यास 8,65,000 मील, आयतन पृथ्वी के आयतन से 13,00,000 गुणा तथा इसका द्रव्यमान पृथ्वी के द्रव्यमान से 3,30,000 गुणा ज्यादा है। आणविक प्रतिक्रया द्वारा हाइड्रोजन को हीलियम में बदलकर यह ऊर्जा निर्माण करता है तथा इसका द्रव्यमान प्रति सेकंड 40 लाख टन कम होता जाता है। यह आकाश गंगा के केन्द्र से काफी दूर, वलयाकार भुजा के अन्तिम छोर पर स्थित है। आकाश गंगा के केन्द्र में इसकी दूरी 30,000 प्रकाश वर्ष है। आकाशगंगा 135 मील प्रति सेकंड की दर से सूर्य के साथ घूम रही है तथा सूर्य को एक पूरा चक्कर लागने में 2250 लाख वर्ष लगते हैं।

क्रान्ति वृत्त–क्रान्ति वृत्त आकाशीय गोल (या खगोल) में सूर्य के वार्षिक आभासीय पथ से बना बृहत् वृत्त है, जिसके केन्द्र में पृथ्वी है। यहाँ हमने यह कल्पना की है (या ऐसा देखने में लगता है) कि सूर्य पृथ्वी की परिक्रमा करता है। यदि सूर्य पृथ्वी के चारों ओर एक वृत्ताकार कक्षा में घूमता तो इसका व्यास (सूर्य के गोले का पृथ्वी से देखने पर आकार) पूरे वर्ष (एक पूर्ण परिक्रमा के दौरान) में एक-सा ही रहना चाहिए था जबकि हम देखते हैं कि यह घटता-बढ़ता रहता है। इसका व्यास जनवरी के प्रारम्भ में सबसे ज्यादा अर्थात् 32'36'' तथा सबसे कम जुलाई के प्रारम्भ में अर्थात् 31'32'' होता है। जिसका अर्थ है कि जनवरी में सूर्य पृथ्वी के समीप तथा जुलाई में दूर होता है। दोनों व्यास में बहुत अधिक अन्तर नहीं है। अतः क्रान्ति वृत्त पूर्णरूपेण वृत्ताकार नहीं है।

पृथ्वी–हम लोग जिस ग्रह पर हते हैं वह पृथ्वी है। यद्यपि हम यह समझते हैं कि पृथ्वी के बारे में हम बहुत ज्यादा जानते हैं, पर सत्य यह है कि हमारा पृथ्वी के बारे में ज्ञान बहुत सीमित है तथा बहुत कुछ जानना शेष है।

सूर्य से दूरी के अनुसार यह तीसरा ग्रह है। सूर्य से पृथ्वी की औसत दूरी 9,29,57,209 मील है। चूँकि पृथ्वी की कक्षा पूर्णतः वृत्ताकार नहीं है बल्कि, इसकी कक्षा अंडाकार है तथा सूर्य इसके एक फोकस (नाभि) पर स्थित है, पृथ्वी की सूर्य से निम्नतम दूरी (जब वह रवि नीच बिन्दु पर होता है) 91,400,000 मील है तथा अधिकतम दूरी, 94,600,000 मील है, (जब यह सूर्योच्च बिन्दु पर होता है)। इसका द्रव्यमान लगभग 6 × 10^{21} टन है तथा इसका औसत घनत्व पानी की अपेक्षा 5. 52 गुणा है। इसके वातावरण में मुख गैसें हैं–नाइट्रोजन (77.6%) तथा ऑक्सीजन (20.7%) पृथ्वी पूर्णतः गोल नहीं है वरन् दोनों ध्रुवों पर थोड़ी चपटी है। विषुवत रेखा पर इसका व्यास 7,926 मील है तथा दोनों ध्रुवों से गुजरने वाला व्यास 7,900 मील है।

चन्द्रमा–पृथ्वी का एकमात्र उपग्रह चन्द्रमा है। आकाशीय पिंडों में सूर्य के बाद, चन्द्रमा, का महत्त्वपूर्ण स्थान है। अन्य ग्रहों या तारों की तरह चन्द्रमा की भी

दैनिक गति पूर्व से पश्चिम है। ऐसा पृथ्वी के अपनी धुरी पर पश्चिम से पूर्व की ओर घूमने के कारण ही होता है। सूर्य एवं अन्य ग्रहों की तरह चन्द्रमा भी तारों के बीच पश्चिम से पूर्व की ओर गमन करता है। यह नक्षत्र मंडल में एक पूर्ण चक्र लगभग 27 दिन 7 घंटे एवं 43 मिनट में लगाता है जो कि औसत सौर 27.3217 दिन के बराबर है। इसे एक नक्षत्र मास कहते हैं अर्थात् जितने समय में पृथ्वी से देखने पर चन्द्रमा नक्षत्र मंडल में एक पूर्ण चक्र लगाता है, जिसका औसत परिमाण 27.3217 औसत सौर दिन है।

एक अमावस्या से दूसरे अमावस्या तक के समय को संयुति मास कहते (Syncdic month) हैं जो 29.5305887 औसत सौर दिन के बराबर होता है। यह नक्षत्र मास से अधिक है, क्योंकि जब तक चन्द्रमा पृथ्वी की एक परिक्रमा पूरी करता है सूर्य भी लगभग एक राशि आगे चला जाता है और चन्द्रमा को सूर्य के पास दुबारा आने व युति करने में कुछ और समय चाहिए।

यदि चन्द्रमा पर केवल पृथ्वी की आकर्षण शक्ति का प्रभाव कार्य करता तो चन्द्रमा का कक्ष (orbit) अंडाकार (Ellipse) ही होना चाहिए था। परन्तु इस पर सूर्य की आकर्षण शक्ति का ही प्रभाव नहीं पड़ता वरन् अन्य ग्रहों का भी पड़ता है और इसीलिए इसकी कक्षा के आकार में बहुत परिवर्तन हो जाता है। चन्द्रमा की पृथ्वी से औसत दूरी 2,39,000 मील है जो कि भूमि नीच पर 2,21,460 मील से भुम्युच्च पर 2,52,700 मील के बीच की दूरी घटती-बढ़ती रहती है।

चन्द्रमा पर विभिन्न आकर्षण शक्तियों के फलस्वरूप, इसके भूमिनीच बिन्दु की दिशा बदलती रहती है। चन्द्रमा द्वारा पृथ्वी के चारों ओर एक भूमिनीच बिन्दु से दूसरी बार भूमिनीच बिन्दु पर आने में लिए गए समय को परिमास या कोणिकान्तर मास (Anomalistic month) कहते जो 27.5546 औसत सौर दिन के बराबर होता है।

चन्द्रमा के एक चढ़ते पात से दूसरे चढ़ते पात तक की स्थिति में आने के लिए गए समय को एक पात मास (nodal month) कहते हैं जो 27.2122 औसत सौर दिन के बराबर होता है। चन्द्रमा पृथ्वी के चारों ओर जो कक्षा बनाती है, वह क्रान्तिवृत्त से $5^{0}15'$ तक का कोण बनाती है। अर्थात् चन्द्रमा क्रान्तिवृत्त से अधिक-से-अधिक $5^{0}15'$ के उत्तरी या दक्षिणी विक्षेप या शर (latitude) पर रहेगा।

चन्द्रमा का आभासीय व्यास 29'22'' से 33'31'' के बीच बदलता रहता है। औसत व्यास $31^{1 1}/_{2}$ लगभग ही है। इससे प्रकाश किरणों के परावर्तन का प्रतिशत बहूत कम यानी 7% ही है। अर्थात् इस पर पड़ने वाले प्रकाश की केवल 7% मात्रा ही परावर्तित होती है। इसका गुरुत्वाकर्षण पृथ्वी के गुरुत्वाकर्षण का मात्र 1/6 है।

चन्द्रमा का हमेशा एक ही भाग पृथ्वी के सामने होता है क्योंकि वह अपनी धुरी पर उतने ही समय में एक बार घूमता है जितने समय में यह पृथ्वी का एक पूरा चक्कर लगाता है। हम चन्द्रमा के केवल 59% भाग को देख पाते हैं।

चन्द्रमा पर मानव ने सर्वप्रथम कदम जुलाई 1969 में रखा जब श्री नील आर्मस्ट्रांग नामक व्यक्ति ने अन्तरिक्षयान 'इगल' से बाहर निकलकर चन्द्रमा की धरती पर पैर रखा था।

चन्द्रमा का चक्र–मिटन ने 433 B.C. में यह खोज किया था कि प्रत्येक 19 सौर वर्ष में 235 चन्द्रमास होते हैं। क्योंकि–

365.25 × 19 = (19 वर्ष में)

29.5305887 × 235 = 6939.688 दिन (चन्द्र मास)

इसका अर्थ है कि प्रत्येक 19 वर्ष बाद चन्द्रमा प्रतिदिन वैसी ही स्थितियों से गुजरेगा जिनसे वह 19 वर्ष पहले गुजरा था। अन्तर केवल इतना यह होगा कि ऐसा पहले से एक घंटा पूर्व ही हो जाया करेगा। इसे मैटोनिक चक्र (Meteconic Cycle) कहते है। इस प्रकार बिना अधिक गणना किए यह जाना जा सकता है कि कब पूर्णिमा, अमावस्या आदि होगी। हमारे ऋषियों को 19 वर्ष के इस चक्र की जानकारी थी, इसलिए प्रत्येक 19 सौर वर्ष 7 अधिक मास (चन्द्रमास) को जोड़ने की व्यवस्था की गई थी। जिससे कि सौर वर्ष तथा चन्द्र वर्ष (12 चन्द्रमासों का) में साम्य स्थापित किया जा सके।

आन्तरिक ग्रहों के सम्बन्ध में जब ये पृथ्वी और सूर्य के बीच में आते हैं तो इसे हम ग्रहों की निकृष्ट युति कहते हैं। तथा जब सूर्य एवं पृथ्वी के बीच में एक सीध में आ जाता है तो उसे बहिर्युति कहते हैं।

वाह्य ग्रहों के सम्बन्ध में, जब पृथ्वी सूर्य और ग्रहों के बीच में आ जाती है तो इसे विपरीत युति (opposition) कहते हैं। वाह्य ग्रह कभी भी पृथ्वी और सूर्य के बीच में नहीं आ सकते इसलिए वाह्य ग्रहों की कभी अन्तर्युति नहीं होती। जब ये ग्रह सूर्य की दूसरी ओर काफी दूर पर एक सीध में आ जाते हैं तो बहुर्युति होती है।

बुध–सूर्य से दूरी के अनुसार, बुध पहला ग्रह है, अर्थात् यह सूर्य के निकटतम स्थित है। पहले यह समझा जाता था कि बुध 88 दिनों में अपनी धुरी पर घूमता है जो कि बुध का सूर्य के चारों ओर परिक्रमा करने का भी समय है। किन्तु बाद में पता लगा कि बुध वास्तव में 58.65 दिनों में अपनी धुरी पर परिभ्रमण (rotation) पूरा है जो बुध वर्ष का लगभग दो तिहाई है। एक सूर्योदय से दूसरे सूर्योदय का अन्तराल 176 पृथ्वी के दिन होगा अर्थात् दो बुध वर्ष। बुध की परिक्रमा करने की कक्षा (orbit) अन्य ग्रहों की कक्षाओं के मुकाबले (प्लूटों को छोड़कर) अधिक उत्केन्द्रक (eccentric) है। इसकी सूर्य से अधिकतम दूरी 43,000,00 मील है तथा निकटतम दूरी 28,000,000 है। जोकि इसकी कक्षा के अधिक उत्केन्द्रक होने के कारण है। बुद्ध की कक्षा, क्रान्तिवृत्त के दोनों ओर अधिकतम 7^0 का कोण बनाते हुए झुकी हुई है। इसका व्यास लगभग 3000 मील है।

शुक्र–बुध के बाद शुक्र, सूर्य से निकटतम ग्रह है। इसकी कक्षा (orbit)

क्रान्तिवृत्त के दोनों ओर अधिकतम $3^0 24'$ का कोण बनाते हुए झुकी है। यह अन्य ग्रह/तारों से ज्यादा प्रकाशमान दिखाई पड़ता है तथा कई बार इसकी छाया भी पड़ती है। इसकी सूर्य से औसत दूरी लगभग 670 लाख मील है और इसकी व्यास लगभग, 7,500 मील है।

बुध एवं शुक्र आन्तरिक या अन्तःग्रह है जो हमेशा सूर्य के आसपास ही उसके पश्चिम या पूर्व की दिशा में दिखाई पड़ते हैं। इन्हें भोर का तारा या शाम का तारा भी कहते हैं क्योंकि ये दोनों ग्रह अधिकतर सूर्यास्त के बाद या सूर्योदय से पहले दिखाई पड़ते हैं शुक्र की नक्षत्र परिक्रमा अवधि (Period) 224.7 दिन है तथा संयुति काल (Syndoic period) दिन 584 है।

मंगल–सूर्य से दूरी के अनुसार यह चौथा ग्रह है तथा पृथ्वी के बाद निकटतम वाह्य ग्रह है। इसकी सूर्य से दूरी 127000,000 मील से लेकर 153000,000 मील के बीच रहती है। इसका व्यास 4,200 मील है। जब मंगल हमारे समीपस्थ होता है तो यह पृथ्वी से 350 लाख मील के अन्दर होता है, तथा ऐसा तब होता है जब मंगल सूर्य से निकटतम होता है तथा पृथ्वी सूर्य से अधिकतम दूरी पर होती है। इस स्थिति में मंगल शुक्र को छोड़कर बाकी ग्रहों से अधिक प्रकाश वाला दिखाई पड़ता है। परन्तु जब यह धुँधला दिखाई पड़ता है (अधिक दूरी पर होने के कारण) तो यह एक तारा होने का भ्रम पैदा करता है। जब यह सूर्य से 90^0 दूरी पर होता है तो उभरता हुआ दिखाई देता है। इसकी नक्षत्र परिक्रमा अवधि (Sidereal period of revolution) 687 दिन तथा संयुति काल (Synodic percod) दिन है।

मंगल के दो उपग्रह हैं जिनके नाम हैं, डिमॉस और फोबोस। इनका पता 5 सितम्बर 1877 को लगा था जब मंगल सूर्य से (opposition) विपरीत युति में आया था।

बृहस्पति–(गुरु)–बृहस्पति सभी ग्रहों में बड़ा है तथा अन्य सभी ग्रहों को मिलाकर भी उनसे विशाल है। इसका द्रव्यमान सूर्य के द्रव्यमान से 1/1047 है। चूँकि यह ध्रुवों पर थोड़ा चिपटा है, इसका विषुवतीय व्यास 88,000 मील से कुछ ऊपर है और ध्रुवीय व्यास 84,000 मील से कुछ कम। इसकी सूर्य से औसत दूरी 4833 लाख मील है। इसका नक्षत्र परिक्रमा अवधि 11.9 वर्ष है।

इसका बिम्ब पीला दिखाई पड़ता है जिसकी चारों ओर बादलों का घेरा है।

शनि–यह सूर्य से दूरी के अनुसार छठा ग्रह है। इसकी सूर्य से औसत दूरी 8860 लाख मील है तथा इसका व्यास लगभग 74,000 मील है। इसका घनत्व पानी से कम है। यह आकार में बहुत बड़ा है और इसका द्रव्यमान (बृहस्पति को छोड़कर) अन्य ग्रहों से अधिक है। इसका परिक्रमा-पथ (या कक्षा) लगभग वृत्ताकार है और क्रान्तिवृत्त से लगभग $2^{01}/_2$ का कोण बनाता है। इसके चारों ओर गोलाकार वृत्त (वलय) है जो ग्रह को नहीं छूता। पहले इसके 9 उपग्रह ज्ञात थे, परन्तु अब 20 उपग्रहों का पता लगा है। इसकी नक्षत्र परिक्रमा अवधि 29.5 वर्ष है। इसका संयुति

काल 3178 दिन है।

अरुण (Uranus)—इसकी खोज विलियम हर्शल ने मार्च 1781 में की थी। इसे खोजकर्ता के नाम पर 'हर्शल' भी कहा जाता है। इसके पाँच उपग्रहों की खोज अब तक हुई है। यह बहुत दूरी पर है। इसकी दूरी लगभग 17830 लाख मील है तथा इसका व्यास लगभग 32,000 मील है, यह नंगी आँखों से दिखाई नहीं पड़ता क्योंकि इसका प्रकाश बहुत मन्द है।

वरुण (Neptune)—लेवेरियर तथा एडम्स द्वारा की गई गणनाओं के आधार पर सन् 1846 में बर्लिन वेधशाला के सर्व श्री जे. गॉले तथा एच.डी अरेस्ट द्वारा इसकी खोज की गई थी। इसकी दूरी 27930 लाख मील तथा इसकी नक्षत्र-परिक्रमा अवधि 164.8 वर्ष है। इसकी चमक यूरेनस से भी बहुत कम है। यह बहुत धीमा प्रकाश देता है।

यम (प्लूटो) (Pluto)—1930 में नवें ग्रह के रूप में इसकी खोज क्लाईड टॉमबाग ने की थी। इसका परिक्रमा पथ (कक्षा) अन्य ग्रहों से अधिक उत्केन्द्रक है। यह 248 वर्ष में परिक्रमा अवधि में अधिक समय तक नेपचून (वरुण) से अधिक दूरी पर होता है जब यह सूर्य से निकटतम दूरी पर होता है तो यह वरुण से कम दूरी पर आ जाता है। इसकी सूर्य से औसत दूरी 36670 लाख मील है। और व्यास मात्र 1800 मील है। इसका प्रकाश बहुत मद्धिम है।

धूमकेतु—धूमकेतु के भौतिक अवस्था एवं सूर्य के चारों ओर भ्रमण पथ (orbit) दोनों में अन्य ग्रहों की तुलना में काफी अन्तर है। धूमकेतु साधारणतया एक अति चमकीला नाभि के रूप में होता है जो कोहरेदार पदार्थों से बहुत दूर पर एक पूँछ के आकार से घिरा होता है। सभी धूमकेतुओं के पूँछ नहीं होती और अधिकांश तो आकाश में छोटे-छोटे कुहासों के पुंज मात्र होते हैं। सूर्य की किरणों को परावर्तित करने के कारण यह चमकीले दिखाई पड़ते हैं।

उल्का (Meteors)—एक छोटा कण, साधारणतया एक बालू के कण से भी छोटा कण जो सूर्य के चारों ओर चक्कर लगाता रहता है, उसे उल्का कहते हैं। चूँकि ये बहुत छोटे होते हैं इन्हें अन्तरिक्ष में देखा नहीं जा सकता। परन्तु जब कभी पृथ्वी के वायुमंडल के भीतर आ जाते हैं तो घर्षण के कारण काफी गर्म हो जाते हैं। फलस्वरूप एक तीव्र चमक के साथ इनका अन्त हो जाता है। इनकी तीव्र चमक के कारण इन्हें दागने वाले तारे (Shooting) भी कहते हैं।

उल्कापिंड (Meteorites)—ये कुछ बड़े आकार एवं पत्थर जैसे टुकड़ों वाले उल्का है, जो पृथ्वीं के वायुमंडल में पूरी तरह जल नहीं पाते तथा पृथ्वी पर गिरकर एक बहुत बड़ा गड्ढा बनाते हैं या पृथ्वी के भीतर घुस जाते हैं।

तीसरा अध्याय

ज्योतिष शास्त्र का क, ख, ग यानी महत्त्वपूर्ण पारिभाषिक शब्दावली गोपनीय भाषा का सरलीकरण

महत्त्वपूर्ण पारिभाषिक शब्दावली

ज्योतिष—ज्योतिष का अर्थ है ज्योति या प्रकाश। जिस विद्या या विधि से भूत, वर्तमान और भविष्य को प्रकाशमान किया जाता है, उसे ज्योतिष कहते हैं यह विद्या सांसारिक जीवों के जीवन-रहस्य, दर्शन और भाग्य पर प्रकाश डालती है। इस विद्या के मुख्य दो स्वरूप हैं—(1) गणित ज्योतिष तथा (2) फलित ज्योतिष।

गणित ज्योतिष—गणित ज्योतिष के द्वारा ग्रहों, राशियों तथा नक्षत्रों की गति और स्थिति की गणना की जाती है। कुंडली निर्माण गणित द्वारा होता है।

फलित ज्योतिष—जन्म कुंडली के आधार पर जब भविष्यवाणी की जाती है, उसे फलित ज्योतिष की संज्ञा दी जाती है।

जन्म कुंडली—जिस समय कोई मनुष्य उत्पन्न होता है उस समय आकाश का जो नक्शा होता है, उसे जन्म कुंडली कहते हैं। जन्म कुंडली जातक को जन्म का समय, जातक के ग्रहों, राशियों तथा नक्षत्रों को दर्शाती है। टेक, टिपड़ा, जन्म पत्रिका आदि जन्म कुंडली की ही अन्य संज्ञाएँ हैं।

जातक—जिसका जन्म हुआ है। बाल, युवा बृद्ध—नर या नारी जो कोई ज्योतिष शास्त्र द्वारा भविष्य जानने का जिज्ञासु है वही जातक है।

लग्न : लगन—लगन शब्द का अर्थ है 'लगा हुआ' अर्थात जन्म समय आकाश में जो राशि क्षितिज पर उदय है। इसे क्षितिज बिन्दु भी कहते हैं। इसी बिन्दु को आरम्भ मानकर कुंडली निर्माण होता है। इसी से ग्रहों, राशियों तथा नक्षत्रों का निर्णय लिया जाता है। लगन को जातक के जन्मकाल का नक्शा भी कहते हैं।

ग्रह—धरती तथा जीवों पर प्रभाव डालने वाले सूर्यादि ग्रह जो सौरमंडल में सूर्य की परिक्रमा करते हैं। भारतीय सिद्धान्त में ग्रहों की संख्या नौ है जबकि नवीन खोजों के आधार पर पश्चिमी ज्योतिष आचार्य इनकी संख्या तेरह तक मानते हैं।

राशि—सामान्य भाषा में राशि का अर्थ ढेर, समूह या पुँज से है। राशियाँ क्रान्तिवृत्त के बारह तारा समूह है आकाश में मेषादि बारह राशियों का कल्पित मंडल

या चक्र स्वीकार किया जाता है।

जन्म राशि–जन्म के समय चन्द्रमा जिस राशि में हो उसे ही जातक की जन्म राशि कहते हैं।

नाम राशि–कई बार नामकरण करते समय चन्द्र राशि का आधार नहीं लिया जाता। ऐसी स्थिति में नाम के प्रथम अक्षर का सम्बन्ध जिस राशि या नक्षत्र से हो उसे नाम राशि मान लिया जाता है।

नक्षत्र–आकाश मंडल के 27 स्थिर तारे जो चन्द्रमा की गति, यात्रा और शेष ग्रहों की स्थिति स्पष्ट करते हैं नक्षत्र हैं। ये नक्षत्र आकाश के कल्पित मील पत्थर जो जन्म कुंडली की ग्रह-गणना का मुख्य आधार है।

योग–मिलान, मेल या संयोग है। दो या दो से अधिक ग्रह एक राशि में रहें तो योग बनता है। योग उसी प्रकार शुभ और अशुभ होते हैं जिस प्रकार दो दवाइयों का मिश्रण–शहद और घी का मिश्रण।

योग कारक ग्रह–ऐसा ग्रह जो जातक को सुख, समृद्धि, धन, ऐश्वर्य तथा मान-सम्मान देने में सक्षम है। योग-कारक ग्रह अपनी दशा तथा अन्तरदशा में सब अभावों की पूर्ति करता है, इच्छाओं के अनुसार फल देता है।

राजयोग–कुंडली में विद्यमान ग्रहों की ऐसी युति या योग जो मनुष्य को राजा के समान सुख और समृद्धि प्रदान करता है। राजयोग का सम्बन्ध उन्नति, सम्मान और ऐश्वर्य से है। पुराने समय में देश छोटे-छोटे राज्यों या रजवाड़ा शाही में बँटा हुआ था, राजे-महाराजे तथा ग्राम आदि के मुख्य बहुसंख्या में पाए जाते थे। ऐसे ही सम्पन्न व्यक्तियों के आश्रय में ज्योतिषाचार्य अपनी जीविका तथा ग्रन्थों की रचना का प्रबन्ध जुटाते थे। इसी लिए प्राचीन ग्रन्थों में राजयोग शब्द बार-बार प्रकट होता है। आधुनिक काल में, लोकतन्त्र युग में उच्च सरकारी पद पर आसीन एम०एल०ए० तथा मन्त्री आदि की कुंडली में ये योग प्रायः देखने को मिलते हैं। सामान्य व्यक्ति भी राजयोग के सुख भोग सकता है। राजसी ठाठ, सुखमय जीवन को ही राजयोग कहा जाता है।

जन्त्री–वह पुस्तिका या आधार जिसमें दैनिक ग्रहों, राशियों, नक्षत्रों तथा लगन काल आदि का विवरण उपलब्ध होता है जन्त्री कहलाती है। शास्त्रीय भाषा में इसे पंचांग भी कहते हैं। आजकल पंचांग का स्थान कम्प्यूटर सी०डी० ने ले लिया है।

पंचांग–किसी भी समय को व्यक्त करने के लिए पंचांग का प्रयोग होता है। पंचांग से अभिप्राय काल के पाँच अंगों से है। (पाँच + अंग) (1) तिथि, (2) वार, (3) नक्षत्र, (4) योग तथा (5) करण।

बार–वार का अर्थ सप्ताह के सात विभिन्न दिनों से है, जिनके नाम उस दिन के स्वामी ग्रह के नाम पर रखे गए हैं जैसे रविवार (सूर्य,) सोमवार (चन्द्र), मंगलवार, बुधवार, गुरुवार (बृहस्पति), शुक्रवार, शनिवार। भारतीय खगोल विज्ञान में

सूर्योदय से अगले सूर्योदय तक एक वार यानि दिन माना जाता है।

तिथि—चन्द्र मास को प्रकट करती हैं। एक चन्द्र मास में तीस तिथियाँ होती हैं। तिथियाँ शुक्ल पक्ष तथा कृष्ण पक्ष नामों से जानी जाती हैं। आकाश मंडल में चन्द्रमा और सूर्य की निकटता कृष्ण पक्ष की तिथियों को तथा चन्द्रमा से सूर्य की बढ़ती दूरी शुक्ल पक्ष की तिथियों को प्रकट करती है। शुक्ल एवं कृष्ण पक्ष पन्द्रह-पन्द्रह तिथियों का होता है। चन्द्र-सूर्य जब शून्य डिग्री पर होते हैं तो अमावस्या तथा जब 180^0 डिग्री पर आमने-सामने होते हैं तो पूर्णिमा होती है।

नक्षत्र—भचक्र के 27 स्थायी मील पत्थर।

करण—प्रत्येक तिथि में दो करण होते हैं। जिस प्रकार चन्द्रमा की सूर्य से प्रत्येक 12^0 की दूरी पर एक तिथि होती है, उसी प्रकार 6^0 के अन्तर पर एक करण होता है।

योग—योगों की संख्या 27 है। सूर्य और चन्द्रमा की संयुक्त चाल के फलस्वरूप विभिन्न योग बनते हैं। सूर्य एवं चन्द्रमा की राशि, कला, विकला का जोड़ ही योग प्रकट करता है। योग शुभ भी हो सकते हैं, अशुभ भी। मुहूर्त के लिए इन पर विचार किया जाता है।

इष्टकाल—यह घड़ी-पलों में व्यक्त होता है। एक घंटे में $2^1/_2$ (ढाई घड़ियाँ) यानी 2 घड़ी 30 पल होते हैं। स्टैंडर्ड समय के अनुसार सूर्योदय से शुरू करके जन्म समय घंटे मिनटों को जब घड़ी पलों में बदला जाता है तब इष्टकाल स्पष्ट होता है।

क्रान्तिवृत्त—आकाश में वह वृत्ताकार पथ जिस पर सूर्य भ्रमण करता हुआ प्रतीत होता है। सूर्य एक वर्ष में इस आकाशीय गोल का भ्रमण करता है। वास्तव में सूर्य पृथ्वी को चारों ओर नहीं बल्कि पृथ्वी के सूर्य के चारों ओर वार्षिक परिभ्रमण करती है।

भचक्र—भचक्र आकाश मंडल है जो क्रान्तिवृत्त के नौ अंश उत्तर तथा नौ अंश दक्षिण तक फैला हुआ है। यह पथ या पट्टी काल्पनिक है। चन्द्र, मंगल, आदि ग्रह इसी पट्टी का भ्रमण करते हैं। भचक्र अंडाकार-सा प्रतीत होता है। इस गोलाकार पट्टी के 360^0 हैं। इसी पथ या पट्टी को 12 भागों में बाँटा गया है जो राशि चक्र या राशियाँ कहलाती हैं। प्रत्येक राशि 30^0 अंश—बारह राशियाँ 360^0 अंश।

दशा चक्र—कुंडली का फलादेश कथन के लिए दशा चक्र जानना जरूरी है। मुख्य दशाएँ तीन हैं, विंशोत्तरी महादशा, अष्टोत्तरी महादशा, तथा योगिनी दशा।

विंशोत्तरी दशा—यह दशा चक्र अधिक प्रसिद्ध और प्रचलित है। इस दशा में पूर्ण जीवन 120 वर्षों का मानकर दशा एवं फलादेश स्पष्ट करते हैं। ग्रहों के अनुसार दशा काल इस प्रकार हैं—सूर्य-6, चन्द्र-10, मंगल-7, बुध-17, गुरु-16, शुक्र-20, शनि-19, राहु-18, केतु-7।

जातक का जो जन्म नक्षत्र है एक नक्षत्र के स्वामी से दशाचक्र आरम्भ होता है और महादशा-अन्तर्दशा चलती है।

अष्टोत्तरी दशा—इस दशा का ज्ञान भी नक्षत्रों द्वारा ही होता है। अभिजित सहित सभी नक्षत्रों को पाप ग्रहों में चार-चार, और शुभ ग्रहों में तीन-तीन करके बाँटा जाता है। जो ग्रह जिस नक्षत्र में आता है उसी ग्रह से अष्टोत्तरी दशा आरम्भ की जाती है। कुल दशा काल 108 वर्ष होता है।

योगिनी—इसमें आठ दशाएँ होती हैं जो 36 वर्षों में पूरी होती है। 36 वर्ष पूरे होने पर पुनः आवृत्ति होती है। जन्म नक्षत्र संख्या में 3 जोड़कर आठ से भाग देने पर जो शेष बचे, उसी के आधार पर दशा का आरम्भ होता है।

ज्योतिष से भिन्न भविष्य जानने की विद्याएँ—

हस्तरेखा शास्त्र (Palmistry)—हस्त सामुद्रिक विद्या। हाथ की रेखाओं और आकृति से भविष्य जानने का शास्त्र। (Chiromancy)

मस्तिक विज्ञान (Phrenology)—मस्तक की रेखाओं और उभार द्वारा व्यक्ति के भविष्य का ज्ञान प्राप्त करना।

अंक विद्या—नाम के वर्णों का जोड़ लेकर या जन्म तिथि के जोड़ अंकों से भविष्य कथन की प्रणाली।

हस्त-लेख विश्लेषण (Graphology)—व्यक्ति के हस्ताक्षर या उसकी लिखावट के आधार पर भविष्य और चरित्र जानने की प्रक्रिया।

लक्षण विज्ञान—मानवीय शरीर पर पाए जाने वाले तिल-मस्से और अन्य चिह्नों द्वारा शुभ-अशुभ कथन का ढंग। मनुष्य के डील-डौल के अनुसार भी भावी जीवन का घटनाक्रम कहा जाता है।

शकुन (Omens)—जीवों तथा प्राकृतिक तत्वों के आधार पर भविष्य कथन की प्रणाली।

मुख आकृति विश्लेषण (Face reading)—कहा भी जाता है चेहरा मन का दर्पण है। मन से जुड़े भावों को जानने की कला।

क्षितिज बिन्दु—वास्तव में लग्न का ही पर्याय है। लग्न शब्द का अर्थ है लगा हुआ। अर्थात् क्षितिज पर लगा हुआ। इसी कारण इसे क्षितिज लग्न भी कहा जाता है। मगर लग्न का कोणात्मक विस्तार 30^0 अंश होता है। (लग्न को उदय राशि आधार पर लिया जाता है) इसका अर्थ हुआ कि जातक के जन्म के समय यह 30 अंश लग्न अथवा 'क्षितिज-लग्न' उदय हो रहा था। इस तीस अंश का विस्तार बहुत अधिक होता है। जन्म तो क्षण विशेष में होता है। अतः जन्म समय पर उस क्षण विशेष पर उदय होते हुए बिन्दु को लिया जाना चाहिए। इसीलिए हमने क्षितिज बिन्दु की परिकल्पना की और उदय लग्न के स्थान। 'क्षितिज बिन्दु' को अपना आधार बनाया। अर्थ वही है—क्षितिज से लगा हुआ अथवा वह बिन्दु विशेष जो जन्म समय

पर क्षितिज से लगा हुआ था।

नक्षत्र—नक्षत्र का शाब्दिक अर्थ है न हिलने वाला, न चलने वाला—यानी स्थिर। हमारा राशि पथ एक स्थिर नक्षत्र से आरम्भ होता है इसीलिए इसे नक्षत्र वृत्त कहते हैं। यजुर्वेद में 27 नक्षत्रों को गन्धर्वों की संज्ञा दी गई हैं तो अथर्ववेद में 28 नक्षत्रों का वर्णन है।

चन्द्र नक्षत्र—जन्म के समय चन्द्र जिस पक्षत्र में हो उसे जन्म नक्षत्र कहा जाता है।

चौथा अध्याय

ज्योतिष का सार

1. ये खड्डे, खाने या घर क्या है?

2. घरों या खानों में दिये अंक क्या हैं?

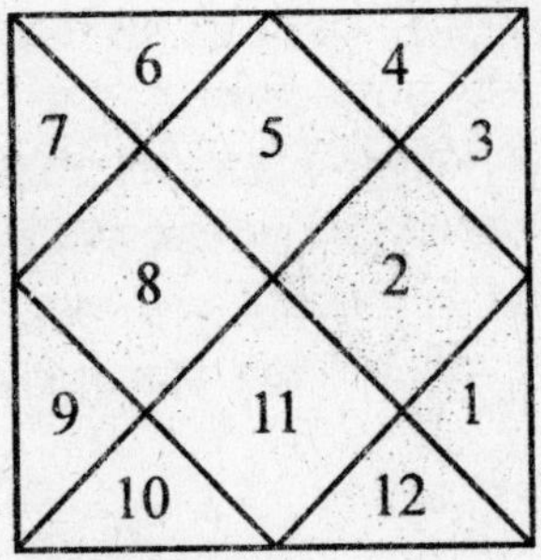

3. घरों, खड्डों या खानों में लिखे शब्द क्या हैं?

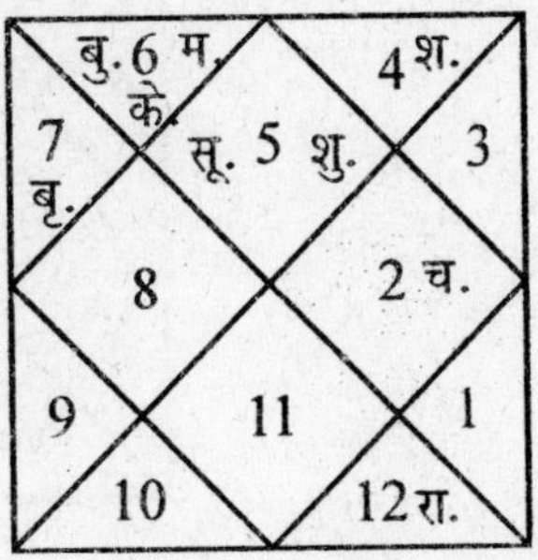

इन तीनों चित्रों को जानना ही सम्पूर्ण ज्योतिष विद्या (शास्त्र) का आधार है। यही पहला और अन्तिम पाठ है।

(ज्योतिष-विद्या का अत्यन्त महत्त्वपूर्ण अध्याय)

चौथा अध्याय

बारह घरों का रहस्य

कुंडली गोपनीयता

कुंडली का सिस्टम क्यों और कैसे?

बारह घरों के शास्त्रीय नाम।

ग्रहों और राशियों की गति

घरों और अंकों का रहस्य

राशियों की आकृतियाँ

ग्रहों का मानचित्र

कुंडली में गुप्त नक्षत्र

कुंडली में राशियों, ग्रहों तथा नक्षत्रों का स्पष्टीकरण

आकाश में तीन मंडल

ग्रह मंडल : राशि चक्र, नक्षत्र पथ।

ज्योतिष की पद्धति (सिस्टम)

कुंडली सार--ज्योतिष की पद्धति (सिस्टम) और फलित का आधार बारह राशियाँ, नौ ग्रह और सत्ताईस नक्षत्र हैं। इनका विस्तृत परिचय अगले अध्याय में दिया गया है।

ज्योतिष पद्धति को यदि एक खेल मान लिया जाए तो इस खेल के भागीदार राशियाँ, ग्रह और नक्षत्र हैं। इन तीनों भागीदारों का आपसी संयोग एवं सम्बन्ध जाने बिना ज्योतिष के क्षेत्र या आकाशीय क्रीड़ा स्थल में प्रवेश पाना सुगम नहीं, अत्यन्त कठिन है।

नीचे एक चित्र दिया गया है जो किसी अज्ञात व्यक्ति की जन्म कुंडली है

(क)

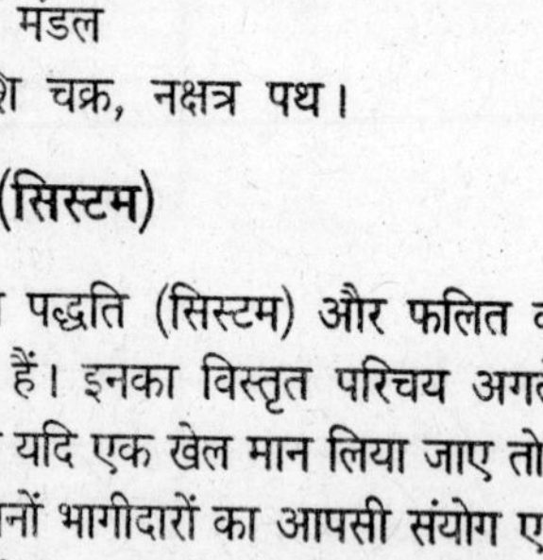

इस चित्र या जन्म कुंडली में बारह राशियाँ, नौ ग्रह तथा सत्ताईस नक्षत्र गुप्त रूप में विद्यमान हैं। जो अंक सामने नजर आ रहे हैं वे इनके चिह्न या संकेत हैं। राशियाँ, ग्रह और नक्षत्र जन्म कुंडली में किस रूप में छिपे रहते हैं, इन्हें किस प्रकार प्रकट करना है, यही ज्योतिष का क्रियात्मक पक्ष है जिसे गणित भी कहते हैं। कुंडली के चिह्नों, अंकों या संकेतों में बन्द विवरण को खोलना ही इस अध्याय का मुख्य लक्ष्य है। सुहृदय पाठकों के लिए यही ज्योतिष का पहला पाठ है।

कुंडली क्या है?

चित्र-1

प्रस्तुत चतुर्भुज (चकोर) को बारह भागों (खंडों) में बाँटा गया है।

ये बारह भाग आकाश मंडल (वृत्त या सरकस) के बारह भाग हैं। जिसे नीचे दिए गए चित्र द्वारा भी स्पष्ट किया जा सकता है।

चित्र-2

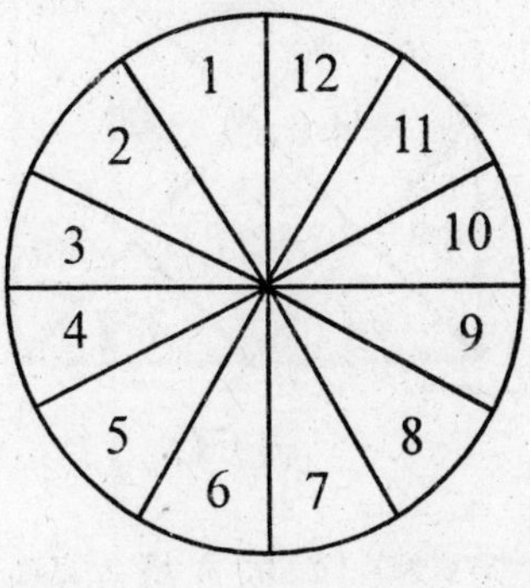

$$\frac{360}{12}$$

प्रत्येक खंड = 30^0

सभी जानते हैं गोलाकार वृत्त या सरकल अंशों का होता है। बारह भागों में विभक्त होने पर प्रत्येक खंड या घर 30^0 अंश का होता है।

इसी कारण कुंडली का प्रत्येक खंड, घर या भाव 30^0 अंशों का होता है।

चित्र-1 के खाली खंडों को घरों या भावों का नाम दिया जाता है, जो इस प्रकार है–

घर-भाव-या खंड

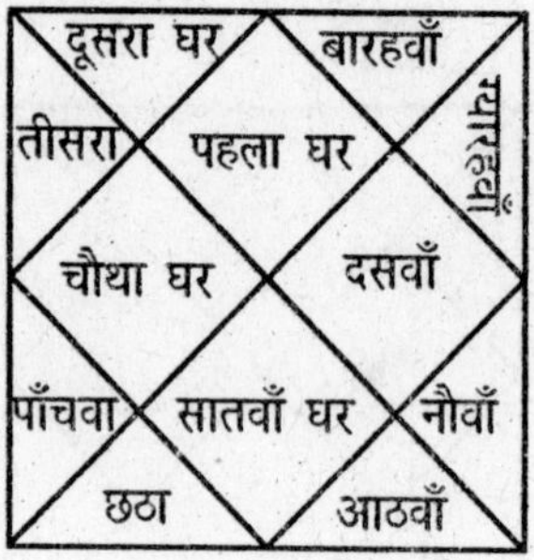

चित्र-3

अब ज्योतिष की शास्त्रीय भाषा में इन घरों या भावों के नाम दिए जाते हैं, जो इस प्रकार हैं--

लग्न

चित्र-4

यदि कुंडली में चतुर्भुजाकार (चकोर) है तो राशियों और ग्रहों की गति (चाल) एंटी क्लाक वाईज़ यानी घड़ी की सूइयों की विपरीत दिशा में रहेगी।

यदि कुंडली गोलाकार है तो क्लाक तथा एंटी क्लाक–दोनों ओर गति हो सकती है।

ग्रहों और राशियों की गति किसी भी ओर क्यों न रहे कुल यात्रा 360^0 डिग्रियों की ही रहेगी। नीचे दिए चित्र इसे स्पष्ट करते है।

चित्र-5

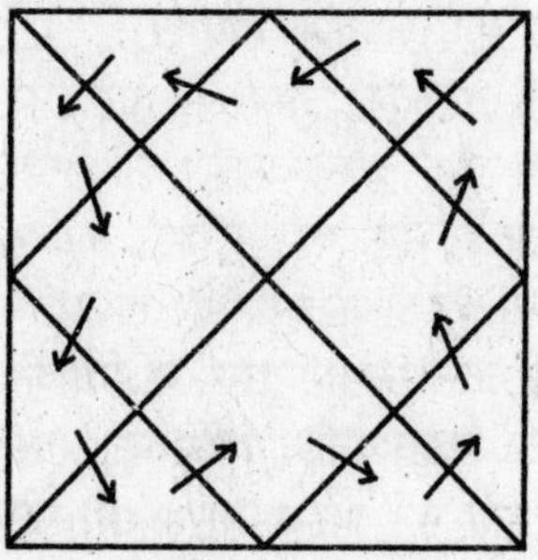

गति—
घड़ी का विपरीत,
एंटी क्लाक

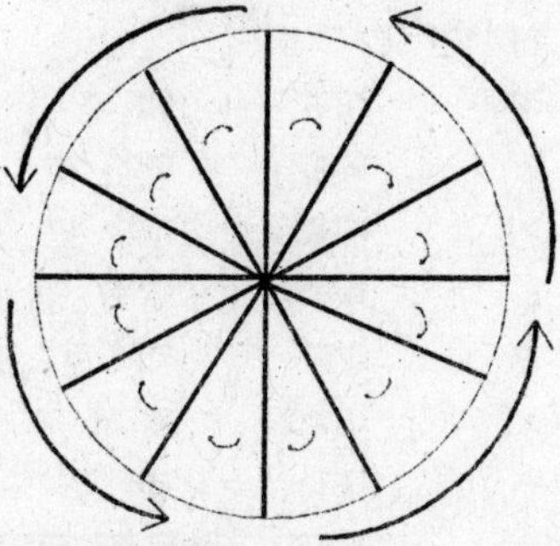

घड़ी की सही दिशा
एवं विपरीत दिशा

चित्र-6

कुंडली में चिह्न, अंक या राशियाँ :
चित्र-1 के खाली घरों में कुछ अंक दर्शाए जाते हैं जो इस प्रकार हैं—

शास्त्रीय अंक

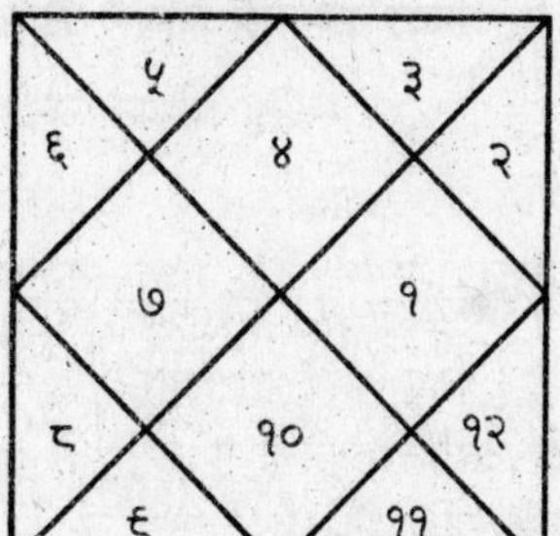

चित्र-7 (क)

कंम्पयूटर अंक

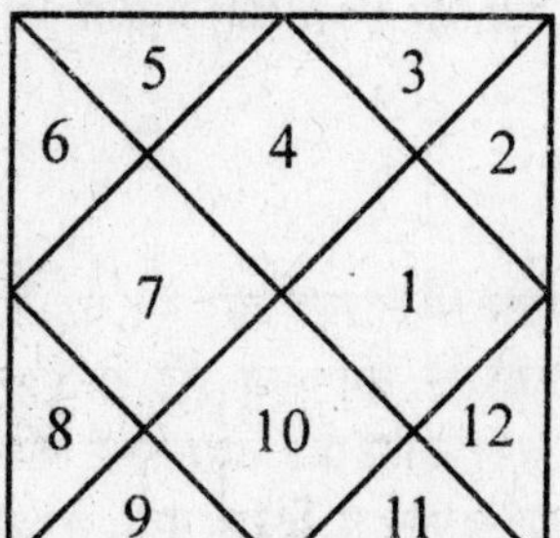

चित्र-ख

यहाँ एक अत्यन्त ध्यान देने वाली बात है। हमने पक्के घर (भाव) नहीं बदले। पक्के घरों में कुछ अंक लिख दिये हैं।

ये अंक या संकेत उन राशियों के हैं, जो इन घरों से जुड़ी हुई हैं। इन राशियों के स्वामी ग्रह इन घरों के मालिक कहे जाएँगे।

कल्पना कीजिए किसी गोलाकार मुहल्ले में बारह घर हैं। कार्पोरेशन वाले इनके बाहर इनके मालिकों के नाम तथा अपनी फाईल का नम्बर लिख जाते हैं। कालान्तर मकान का स्वामी बदल जाता है, उसी घर के बाहर नाम-पट भी बदल दिया जाता है, घर स्थिर रहता है। भावों यानी कुंडली के घरों और राशियों का यही आपसी सम्बन्ध है।

विभिन्न व्यक्तियों के जन्म समयानुसार राशियों के अंक—यानी लग्न बदलते जाएँगें परन्तु घर वही रहेंगे। ज्योतिषकीय विद्या के आरम्भिक दिनों में यही स्थिति सबसे बड़ी उलझन बनी रहती है। पाठक बारह घरों और बारह राशियों के बारह अंकों को स्पष्ट नहीं कर पाता और ज्योतिषकीय दलदल में फँसा रह जाता है।

चित्र-7 के अंकों को और स्पष्ट करेंगे—

घर याभाव		अंक	राशि	शास्त्रीय भाषा
पहला	(4)	४	कर्क	पहले घर में कर्क राशि है।
दूसरा	(5)	५	सिंह	दूसरे घर में सिंह राशि है।
तीसरा	(6)	६	कन्या	तीसरे घर में कन्या है।
चौथा	(7)	७	तुला	चौथे घर में तुला राशि है।
पाँचवाँ	(8)	८	वृश्चिक	पाँचवें घर में वृश्चिक राशि है।
सठा	(9)	९	धनु	छठे घर में धनु राशि है।
सातवाँ	(10)	१०	मकर	सातवें घर में मकर राशि है।
आठवाँ	(11)	११	कुम्भ	आठवें घर में कुम्भ राशि है।
नौवाँ	(12)	१२	मीन	नौवें घर में मीन राशि है।
दसवाँ	(1)	१	मेष	दसवें घर में मेष राशि है।
ग्यारहवाँ	(2)	२	वृष	ग्यारहवें घर में वृष राशि है।
बारहवाँ	(3)	३	मिथुन	बारहवें घर में मिथुन राशि है।

राशियाँ और इनके अंक क्या हैं? अब इसे स्पष्ट करने या खोलने की जरूरत है।

राशि-चक्र

आकाश मंडल में असंख्य तारे हैं। यह मंडल गोलाकार है। इस मंडल में कुछ स्थानों पर कुछ तारों के समूह या झुंड विद्यमान हैं। जहाँ कहीं तारा-समूह है उसी स्थल को राशि कहा जाता है। तारा-समूह की जो आकृति बनती है उसी के आधार पर राशियों का नामकरण किया गया है। पहली राशि मेष है जिससे नं० 1 अंक से

स्पष्ट किया जाता है। इसी प्रकार शेष राशियों के नाम और अंक हैं जिसे नीचे चित्र में स्पष्ट किया गया है।

कुल अंश—360

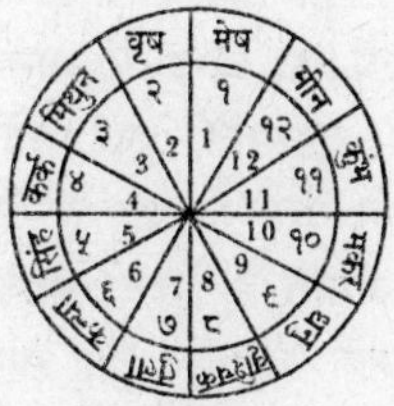

चित्र-8

मेष-1, वृष-2, मिथुन-3, कर्क-4, सिंह-5, कन्या-6, तुला-7, वृश्चिक-8, धनु-9, मकर-10, कुम्भ-11, मीन-12।

नीचे चित्र में राशियों की आकृतियाँ तथा इनके स्वामी ग्रहों को स्पष्ट किया गया है।

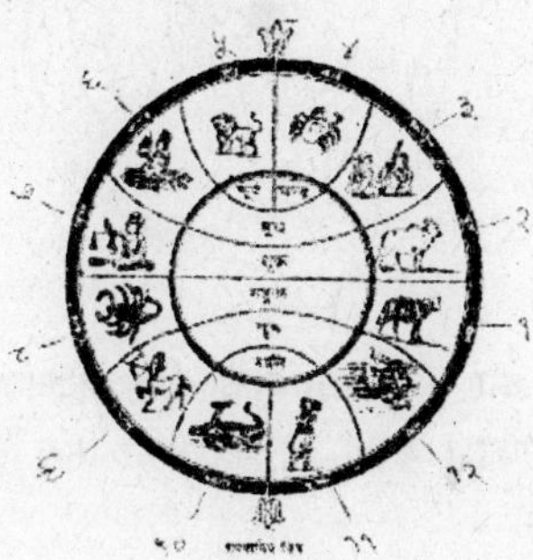

चित्र-9

राशियाँ	स्वामी
मेष, वृश्चिक	मंगल
वृष, तुला	शुक्र
मिथुन, कन्या	बुध
कर्क	चन्द्र
सिंह	सूर्य
धनु, मीन	गुरु
मकर, कुम्भ	शनि

राहु व केतु को कोई स्थाई राशियाँ निश्चित नहीं की गईं। दोनों छाया-ग्रह हैं। जिस राशि में ये छाया ग्रह होते हैं वही इनका स्वामित्व है।

ग्रह चक्र

सौर मंडल में नौ ग्रह हैं जो सूर्य का परिवार यानी सौर परिवार कहलाते हैं। पश्चिम के खगोल शास्त्री तीन अन्य ग्रहों–यूरेनियम, नेपच्यून तथा प्लेटो–की भी चर्चा करते हैं। भारतीय ज्योतिष शास्त्र में इनको विशेष महत्त्व नहीं दिया जाता।

सौर मंडल में आठ ग्रह सूर्य को केन्द्र में मानते हुए इसकी परिक्रमा करते हैं। ये ग्रह हैं, चन्द्र, मंगल, बुध, बृहस्पति, शुक्र, शनि, राहु व केतु।

राहु-केतु छाया ग्रह हैं इनकी चर्चा विस्तार से अगले अध्यायों में की गई है। खगोल शस्त्री पृथ्वी को भी ग्रह मानते हैं, परन्तु भारतीय ज्योतिष शास्त्र में इसकी स्थिति तथा फलित शास्त्र में इसके योगदान को स्पष्ट नहीं किया गया।

सूर्य से दूरी के अनुसार ग्रहों का परिक्रमा पथ नीचे चित्र में स्पष्ट किया गया है।

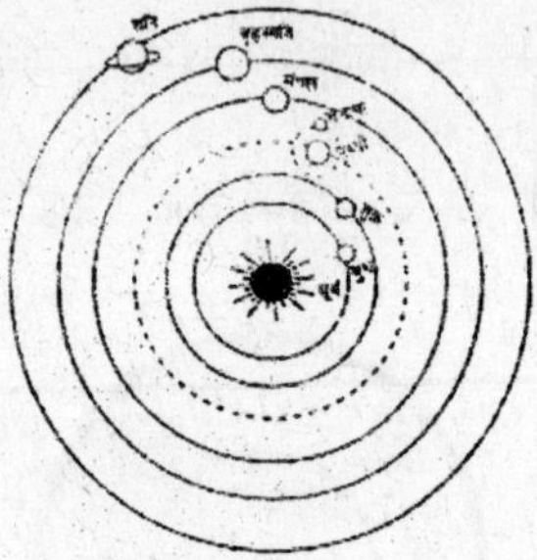

चित्र-10

सौर मंडल के ग्रहों का मार्ग तथा राशि चक्र गोलाकार न होकर अंडाकार है। महज़ समझाने के लिए आकाश मंडल को गोलाकार कह दिया जाता है। सही स्थिति नीचे चित्र में दी गई है।

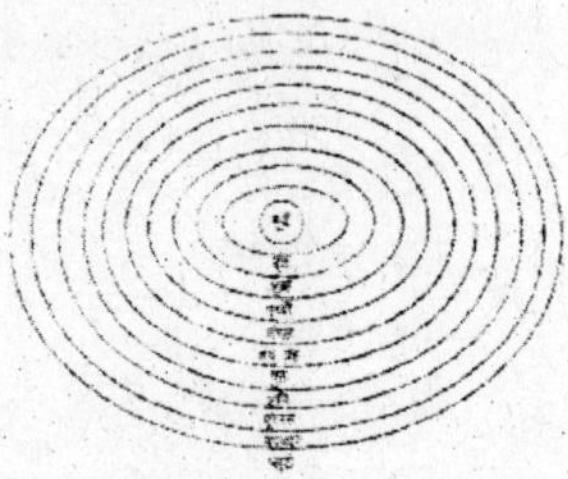

चित्र-11

सुविधा के लिए, ज्योतिष विद्या में ग्रहों को इस प्रकार सांकेतिक किया जाता है। यह क्रम विंशोत्तरी दशा के अनुसार है जिसे अगले पृष्ठों में स्पष्ट किया गया है।

सू० सूर्य
चं० चन्द्र
मं० मंगल
रा० राहु
ब० बृहस्पति या गुरु
श० शनि
बु० बुध
के० केतु
श० शुक्र

अब कुंडली में ग्रहों और राशियों तथा घरों का सम्बन्ध स्पष्ट किया जाता है। जो जन्म कुंडली–क आरम्भ में दी गई है उसी को पुनः दर्शाया जाता है।

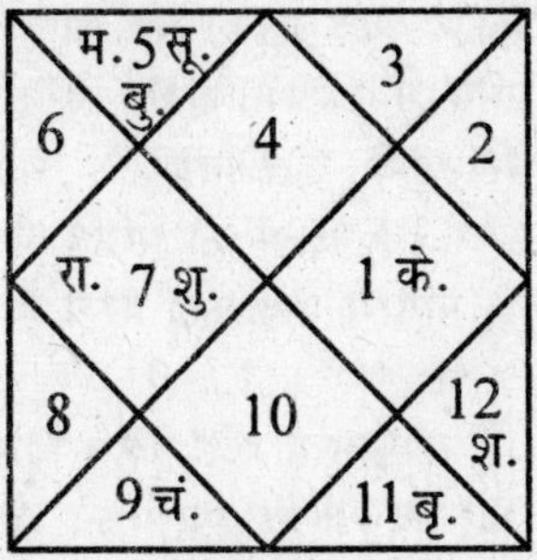

चित्र-12

अब इस जन्म कुंडली को खोलने का प्रयास किया जाता है–

पहले घर (भाव) में कर्क राशि है, यही इस व्यक्ति का जन्म लग्न है। पहले घर में जो राशि होगी वही जातक का जन्म लग्न यानी जन्म समय होता है।

दूसरे घर में सिंह राशि है, इसका स्वामी सूर्य है। जन्म समय सूर्य, बुध, मंगल, सिंह राशि स्थित दूसरे घर में हैं, ऐसा ज्योतिष की व्यावहारिक भाषा में कहा जाता है।

चौथे घर में तुला राशि है, इसका स्वामी शुक्र ग्रह है। शुक्र और राहु चौथे घर में शुक्र की राशि में है। ऐसा कहा जाएगा।

छठे घर में धनु राशि है, इसका स्वामी गुरु है। चन्द्र छठे घर में गुरु की राशि में है।

आठवें घर में कुम्भ राशि है; इसका स्वामी शनि है। कहा जाएगा बृहस्पति, शनि के घर में है यानी राशि में।

नवें घर में मीन राशि है; शनि गुरु के घर में है।

दसवें घर में मेष राशि है; केतु मंगल की राशि में कहा जाएगा।

नक्षत्र चक्र

जन्म कुंडली (क) में राशियाँ और ग्रह तो स्पष्ट कर दिए गए हैं। इस कुंडली में कहीं नक्षत्र भी गुप्त रूप में विद्यमान हैं। ये नक्षत्र ही वास्तव में फलित ज्योतिष एवं खगोलशास्त्र के गणित का मुख्य आधार हैं।

नक्षत्रों की कुल मान्य संख्या 27 है। ये 27 नक्षत्र भी आकाश मंडल में गोलाकार तारों के समूह हैं। इन्हें आकाशीय मार्ग के मील के पत्थर कहा जाता है। नक्षत्र अचल हैं, स्थिर हैं, गतिमान नहीं।

सौर मंडल के सभी ग्रह निरन्तर गतिमान प्रतीत होते हैं। जिस राशि चक्र में ये ग्रह परिक्रमा करते हैं वे राशियाँ चल भी हैं अचल भी–तथा द्विस्वभाव भी। ऐसे में गोलाकार पथ पर परिक्रमा करनेवाले ग्रहों ने निश्चित समय में कितनी यात्रा तय की इसका निर्णय नहीं हो सकता।

कल्पना कीजिए गोलाकार आठ सड़कों पर आठ कारें भागती चली जा रही है। किस कार ने कितने समय में कितनी यात्रा तय की, इसका निर्णय करने के लिए गोलाकार सड़कों से परे स्थायी मील पत्थर या 'स्टार्टिंग प्वाईंट' देना पड़ेगा। बस ग्रहों और राशियों से ऊपर इन नक्षत्रों की स्थिति भी स्थायी मील पत्थरों जैसी है। भागते-दौड़ते ग्रह आकाश मार्ग में कब कहाँ पहुँचे हैं, इसका लेखा-जोखा नक्षत्र ही करते हैं।

कोई ग्रह किसी राशि में से गुजरता हुआ, किस विशेष नक्षत्र यानी मील पत्थर के समीप है, यही सम्पूर्ण भारतीय गणित शास्त्र का आधार है।

गोलाकार आकाश को राशियाँ बारह खंडों में बाँटती है और नक्षत्र सत्ताईस भागों में बाँटते हैं।

गणित के अनुसार एक राशि $360^{\circ}/_{12} = 30^{\circ}$ अंशों की है।

नक्षत्र $360^{\circ}/_{27} = 13^{0}\text{-}20$ का है।

सुविधा के लिए कह सकते हैं कि प्रत्येक चार राशियाँ नौ नक्षत्रों तक फैली हैं जो इस प्रकार हैं–

राशि : मेष, वृष, मिथुन कर्क।

नक्षत्र : अश्विनी, भरणी, कृतिका, रोहिणी, मृगशिरा, आर्द्रा, पुनर्वसु, पुष्य, अश्लेषा।

कुल अंश – 120°

राशि : सिंह, कन्या, तुला, वृश्चिक।

नक्षत्र : मघा. पूर्वा फाल्गुनी, उत्तरा फाल्गुनी, हस्त, चित्रा, स्वाति, विशाखा, अनुराधा ज्येष्ठा।

राशि : धनु, मकर, कुम्भ, मीन।

नक्षत्र : मूला, पूर्वाषाढ़ा, उत्तराषाढ़ा, श्रवण, घनिष्ठा, शतविषा, पूर्व भाद्रपदा, उत्तरा

भाद्रपदा, रेवती।

कुल अंश—360^0

राशियाँ और नक्षत्र

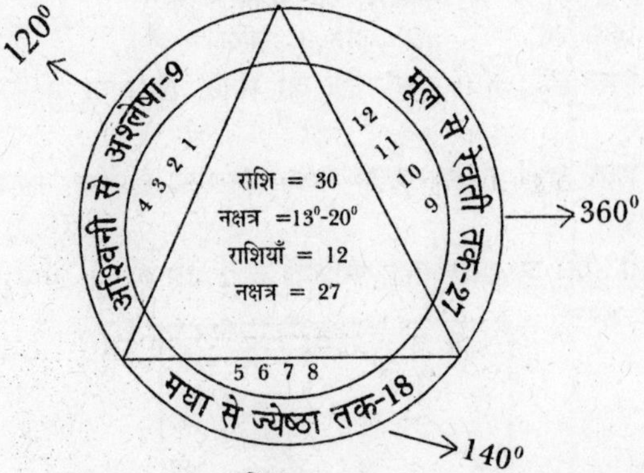

चित्र-12

जिस प्रकार राशियों का स्वामित्व ग्रह करते हैं, उस प्रकार नक्षत्रों के स्वामी यानी मालिक भी नव ग्रह ही हैं।

राहु और केतु को राशियों में कोई अधिकार (स्वामित्व) नहीं दिया गया परन्तु नक्षत्रों में वे अपना आधिपत्य रखते हैं। पीछे हमने सत्ताईस नक्षत्रों की तीन पट्टियाँ दी हैं। हर पट्टी में नौ नक्षत्र हैं, क्रमवार नक्षत्रों के स्वामी ग्रह इस प्रकार हैं—

नक्षत्र : अश्विनी, भरणी, कृतिका, रोहिणी, मृगशिरा, आर्द्रा, पुर्नवसु, पुष्य, अश्लेषा।

केतु, शुक्र, सूर्य, चन्द्र, मंगल, राहु, गुरु, शनि, बुध।

शेष दो पट्टियाँ भी इसी प्रकार चलती हैं। ग्रहों और नक्षत्रों का विस्तार से विवरण अगले अध्यायों में दिया गया है।

जन्म के समय चन्द्र जिस नक्षत्र में है उस नक्षत्र के स्वामी ग्रह से विंशोत्तरी दशा का आरम्भ होता है।

कौन-सा ग्रह किस नक्षत्र में है, इसके लिए यह जानना जरूरी है कि कथित ग्रह कुंडली की किस राशि में है तथा उस राशि के कितने अंशों पर है।

गणित की अधिक सुविधा के लिए 27 नक्षत्रों को 108 उप खंडों में बाँटा गया हैं

प्रत्येक नक्षत्र के चार भाग करते हुए इन्हें चार चरण कहा गया है। उदाहरण के लिए अश्विनी नक्षत्र 13^0-20 डिग्री है, इसके चार खंड हुए तो प्रत्येक चरण 3^0-20 डिग्री का हुआ। इन चार चरणों को हिन्दी वर्णमाला के 4 अक्षर अलाट किए गए हैं। जन्म के समय चन्द्र जिस नक्षत्र के जिस चरण में होगा, उसके अनुरूप उस

जातक का नामकरण कर दिया जाएगा। यही उसकी जन्मराशि होगी।

फलित पर विचार करने के लिए निम्न बातों को ध्यान में रखना जरूरी है।

जन्म कुंडली का लग्न क्या है; स्वामी कौन है?

ग्रह किस घर में है तथा कौन-सी राशि में है।

ग्रह जिस राशि में है उस राशि का स्वामी किस घर में है तथा किस राशि में है।

ग्रह जिस राशि में है उसका नक्षत्र कौन-सा है तथा नक्षत्र का स्वामी ग्रह कौन-सा है?

कुंडली (क) के द्वारा ग्रहों, राशियों तथा नक्षत्रों को स्पष्ट किया जाता है।

कर्क लग्न

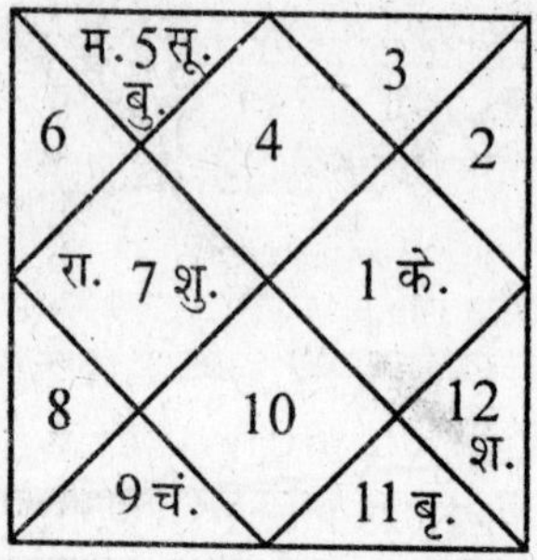

जन्म
5-9-1938
समय 3 : 45 A.M
lat : 300-55
Long : 75^0-55

चित्र-13

ग्रह : भाव : राशि : नक्षत्र का उदाहरण

केवल दूसरे घर का विवरण :

दूसरे भाव में सिंह राशि गत तीन ग्रह हैं।

1938 के पंचाग या कंप्यूटर अनुसार इन तीन ग्रहों की डिग्रियाँ और नक्षत्र इस प्रकार हैं—

ग्रह	राशि	डिग्रियाँ	नक्षत्र	नक्षत्र स्वामी
सूर्य	सिंह	18-41	पूर्व फाल्गुनी	शुक्र
मंगल	सिंह	5-9	मघा	केतु
बुध	सिंह	4-6	मघा	केतु

इसी प्रकार अन्य ग्रहों को स्पष्ट किया जाता है।

आकाश के तीन मंडल

ज्योतिष शास्त्र का आधार

ग्रह मंडल : राशि चक्र : नक्षत्र

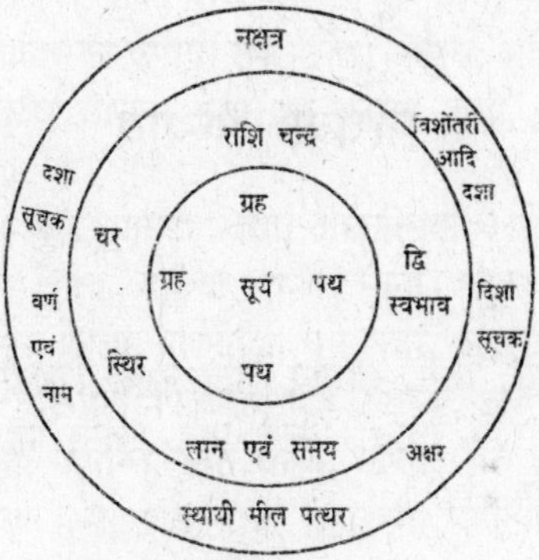

चित्र-13

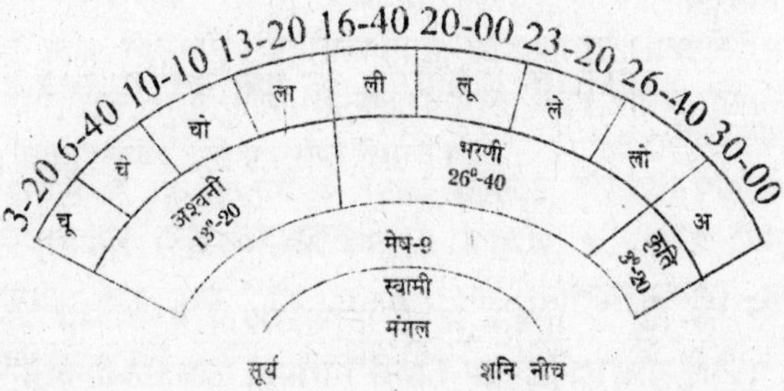

चित्र-14

चित्र न. 14 में जिस प्रकार मेष राशि का विस्तार किया गया उसी प्रकार अन्य ग्यारह राशियों को भी खोला जा सकता है।

प्रत्येक राशि में 9 नक्षत्र चरण होते हैं। हर नक्षत्र के चार चरण या भाग हैं।

चित्र में नक्षत्रों के स्वामी ग्रह भी लिखे गए हैं।

जातक के जन्म समय चन्द्र जिस नक्षत्र में है उस नक्षत्र के स्वामी ग्रह से विंशोत्तरी महादशा का आरम्भ होता है।

सारांश में स्पष्ट किया जाता है कि यह अध्याय ज्योतिषकीय विद्या में प्रवेश का मुख्य द्वार है। सुविज्ञ पाठकों को इसका बार-बार अध्ययन करना चाहिए।

अगले अध्यायों में विभिन्न घरों, (भावों) राशियों, ग्रहों तथा नक्षत्रों का बहु आयामी विवरण दिया गया है। इस सामग्री से पाठकों का ज्योतिष सम्बन्धी ज्ञान और अधिक परिपक्व हो जाएगा।

पाँचवाँ अध्याय

राशि–परिचय एवं विवरण
नाम, आकृतियाँ, आकार, लिंग, स्वभाव, गति तत्त्व, दिशाएँ, उदय
राशियों का मानव शरीर में स्थान : कर्ण, पाद, स्वामी ग्रह
चन्द्र-सूर्य विशेष महत्त्व
सूर्य प्रधान राशियाँ
चन्द्र प्रधान राशियाँ

राशियाँ एवं विवरण

भारतीय ज्योतिष का आधार बारह राशियाँ, नौ ग्रह तथा सत्ताईस नक्षत्र हैं, जिनका विवरण निम्न प्रकार है।

राशियों के नाम–(कुंडली के संख्य दर्शन)–1. मेष, 2. वृष, 3. मिथुन, 4. कर्क, 5. सिंह, 6. कन्या, 7.तुला, 8. वृश्चिक, 9. धनु, 10. मकर, 11. कुम्भ, 12. मीन।

आकृतियाँ–(शक्ल पहचान)–मेष : बकरा, वृष : बैल, कर्क : कछुआ, सिंह : शेर, कन्या : दीपयुक्त कन्या, तुला : तराजू, वृश्चिक : बिच्छू, धनु : धनुषधारी-ऊपरी शरीर पुरुष, निचला भाग अश्व, मकर : मगरमच्छ, कुम्भ : घड़ा, मीन : मछलियाँ।

आकार–(ह्रस्व, दीर्घ, सम)–छोटा-बड़ा-मध्यम। मेष तथा वृष–ह्रस्व। मिथुन तथा कर्क–सम। सिंह कन्या, तुला–दीर्घ। धनु तथा मकर–सम। कुम्भ तथा मीन–ह्रस्व।

मेष-वृष,	मिथुन-कर्क,	सिंह-कन्या-तुला-वृश्चिक,	धनु-मकर,	कुम्भ-मीन
ह्रस्व	सम	दीर्घ	सम	ह्रस्व

लिंग–पुरुष-स्त्री राशियाँ

मेष	पुरुष	वृष	स्त्री
मिथुन	पुरुष	कर्क	स्त्री
सिंह	पुरुष	कन्या	स्त्री
तुला	पुरुष	वृश्चिक	स्त्री
धनु	पुरुष	मकर	स्त्री
कुम्भ	पुरुष	मीन	स्त्री

स्वभाव–(क्रूर-सौम्य)

मेष, मिथुन, सिंह, तुला, धनु, कुम्भ,—क्रूर।
वृष, कर्क कन्या, वृश्चिक, मकर, मीन—सौम्य।

राशियों की हरकत-गति–चर, स्थिर, द्विस्वभाव

मेष-चर	वृष-स्थिर	मिथुन-द्विस्वभाव
कर्क-चर	सिंह-स्थिर	कन्या-द्विस्वभाव
तुला-चर	वृश्चिक-स्थिर	धनु-द्विस्वभाव
मकर-चर	कुम्भ-स्थिर	मीन-द्विस्वभाव

राशियों के तत्त्व (अग्नि, पृथ्वी, वायु, जल)

अग्नि	पृथ्वी	वायु	जल
मेष	वृष	मिथुन	कर्क
सिंह	कन्या	तुला	वृश्चिक
धनु	मकर	कुम्भ	मीन

दिशाएँ

उत्तर

कर्क, वृश्चिक, मीन

पश्चिम

मिथुन तुला कुम्भ

पूर्व

मेष सिंह धनु

दक्षिण

वृष कन्या मकर

राशियों का उदय–शिर, पीठ, दोनों से उदय

मेष-पीठ, वृष-पीठ, मिथुन-शिर, कर्क-पीठ, सिंह-शिर, कन्या-शिर, तुला-शिर, वृश्चिक-शिर, धनु-पीठ, मकर-पीठ, कुम्भ-शिर, मीन-दोनों ओर।

दिशाएँ–

पूर्व-मेष	दक्षिण-वृष	पश्चिम-मिथुन	उत्तर कर्क, पूव
पूर्व-सिंह	दक्षिण-कन्या	पश्चिम-तुला	उत्तर-वृश्चिक
पूर्व-धनु	दक्षिण-मकर	पश्चिम-कुम्भ	उत्तर-मीन

राशियों का मानव शरीर में स्थान

मेष	शिर
वृष	मुख (कंठ)
मिथुन	बाहु
कर्क	वक्षस्थल
सिंह	हृदय
कन्या	पेट
तुला	कमर (गुर्दा)
वृश्चिक	लिंग स्थान (गुदा)
धनु	पैरों की सन्धि
मकर	घुटना
कुम्भ	पिंडलियाँ
मीन	दोनों पैर

राशियों के वर्ण (रंग)

मेष-लाल	वृष-श्वेत
मिथुन-हरा	कर्क-हल्का लाल
सिंह-काफूरी	कन्या-बहुरंगी
तुला-श्यामल	वृश्चिक-सुनहरी पीला
धनु-पिंगल (पीला)	मकर-सफेद कपिल
कुम्भ-नेवलारंग (बभ्रुक)	मीन-आसमानी नीला

राशियों के पाद (पैर)

दो पैर वाली—धनु (पूर्वार्द्ध) कुम्भ, मिथुन, तुला।
चार पैर वाली—मेष, वृष, सिंह, धनु उत्तरार्द्ध, मकर पूर्वार्द्ध
बहु पैर वाली—कर्क वृश्चिक मीन

राशियों के स्वामी

मेष-वृश्चिक	मंगल
वृष-तुला	शुक्र
मिथुन-कन्या	बुध
कर्क	चन्द्र
सिंह	सूर्य

मकर-कुम्भ	शनि
धनु-मीन	गुरु

सूर्य चन्द्र का विशेष महत्त्व

सूर्य प्रधान राशियाँ—सिंह, कन्या, तुला, वृश्चिक, कुम्भ, मीन।

चन्द्र प्रधान राशियाँ—मेष, वृष, मिथुन, कर्क, धनु, मकर!

छठा अध्याय

(क भाग)

ग्रहों का परिचय एवं विवरण

ग्रहों के नाम
सप्ताह के दिन
विंशोत्तरी दशा में ग्रहों का क्रम
शुभ तथा अशुभ ग्रह
ग्रहों का स्वभाव
ग्रहों के लिंग (स्त्री-पुरुष भेद)
जातियाँ :
वेद रचना तथा ग्रह
मानव शरीर में ग्रहों का स्थान
सामाजिक जीवन तथा ग्रह
शारीरिक रोग तथा ग्रह
प्रकाश तथा ग्रह
ऋतु चक्र : काल : लोक स्वामित्व
रस–स्थान : वस्त्र
रत्न : धातु
बीजमन्त्र और ग्रह : शत्रु-मित्र ग्रह
ग्रहों से सम्बद्ध वस्तुएँ
ग्रहों का विंशोत्तरी दशा काल
ग्रहों के अधिदेवता : अवस्थाएँ
नक्षत्रों, राशियों तथा ग्रहों का सम्बन्ध
उच्च : नीच : मूल त्रिकोण राशियाँ
ग्रहों के फलीभूत होने का काल-वर्ष

(क) **ग्रहों के नाम**—सूर्य, चन्द्र, मंगल, बुध, बृहस्पति, शुक्र, शनि तथा राहु, केतु।

(ख) **ग्रह तथा सप्ताह के दिन**

सूर्य	रविवार
चन्द्र	सोमवार
मंगल	मंगलवार
बुध	बुधवार
बृहस्पति	वीरवार (गुरुवार)
शुक्र	शुक्रवार
शनि	शनिवार

(ग) **विंशोत्तरी दशा में ग्रहों का क्रम**—सूर्य, चन्द्र, मंगल, राहु, गुरु, शनि, बुध, केतु, शुक्र।

(घ) **शुभ तथा अशुभ ग्रह**—(i)बृहस्पति, शुक्र, शुक्ल पक्षीय चन्द्रमा तथा बुध पूर्णतया शुभ हैं।

(i) सूर्य, मंगल, कृष्ण पक्षीय चन्द्रमा, शनि, राहु तथा केतु अशुभ हैं।

(ङ) **ग्रहों का स्वभाव**—

सूर्य तथा मंगल—क्रूर हैं।

बृहस्पति, शुक्र, चन्द्र—सौम्य हैं।

शनि, राहु तथा केतु—पापी हैं

बुध—जिसके संयोग में हो वैसा।

(च) **ग्रहों का स्त्री पुरुष भेद**—

सूर्य, मंगल, बृहस्पति—पुरुष ग्रह

चन्द्र, शुक्र—स्त्री

बुध—नपुंसक (पुरुष)

शनि—नपुंसक (स्त्री)

(छ) **ग्रहों का रंग : (वर्ण)**—सूर्य—लाल, चन्द्र—गौर श्वेत, मंगल—अति लाल, बुध—हरा, बृहस्पति—पीतवर्ण, शुक्र—श्याम गौर, शनि—कृष्ण व नीला, राहु-केतु—श्याम वर्ण।

(ज) **दिशाएँ और ग्रह**

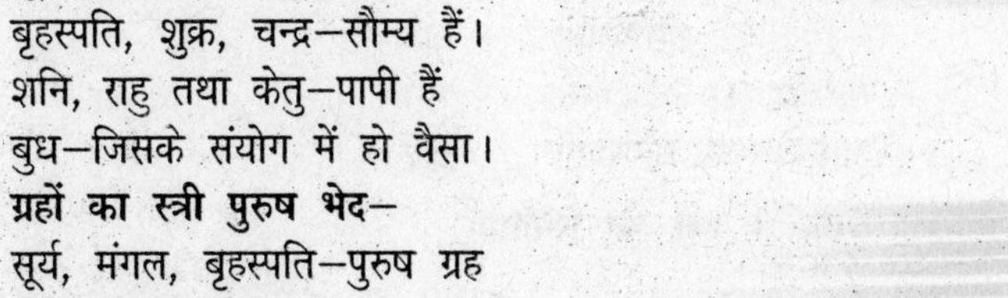

(झ) ग्रहों के तत्त्व

सूर्य-मंगल	अग्नि तत्त्व
चन्द्र-शुक्र	जल तत्त्व
बुध-राहु	पृथ्वी तत्त्व
बृहस्पति-केतु	आकाश तत्त्व
शनि	वायु तत्त्व

(ञ) ग्रहों की जातियाँ (केवल भारत में मान्य)

बृहस्पति तथा शुक्र	ब्राह्मण
सूर्य-मंगल	क्षत्रिय
चन्द्रमा	वैश्य
बुध	शूद्र
शनि संकर	(नीच)
राहु-केतु	शूद्र

(ट) वेद रचना तथा ग्रह (केवल भारतीय मत)

ऋग्वेद का अधिष्ठाता	बृहस्पति
यजुर्वेद का अधिष्ठाता	शुक्र
सामवेद का अधिष्ठाता	मंगल
अथर्ववेद का अधिष्ठाता	बुध

(ठ) आकाश मंडल में ग्रहों की स्थितियाँ

सूर्य–राजा	चन्द्रमा–महारानी
मंगल–सेनापति	बुध–राजकुमार
बृहस्पति–देवमन्त्री	शुक्र–असुर मन्त्री
शनि–भृत्य (सेवक)	

(ड) काल पुरुष (मानवीय शरीर) में ग्रह

सूर्य–आत्मा	चन्द्रमा–मन
मंगल–बल, ऊर्जा	बुध–वाणी
बृहस्पति–ज्ञान, बुद्धि	शुक्र–वासनाएँ इच्छा
शनि–मृत्यु, दुःख, रोग	

(ढ़) **परिवार तथा ग्रह**–सूर्य–पिता तथा धर्म। चन्द्रमा–माता। मंगल–छोटा भाई। बुध–बुआ, मासी। मामी बृहस्पति–पुत्र, बड़ा भाई। शुक्र–पत्नी शनि–सहायक, सेवक।

(ण) शारीरिक रोग तथा ग्रह

सूर्य : अस्थि पित्त	चन्द्र : हृदय, पेशाव, वात, कफ
मंगल : रक्त, पित्त	बुध : चर्म, वात, कफ, पित्त
बृहस्पति : चर्बी कफ	शुक्र : वीर्य, गुप्तरोग, कफ वात
शनि : स्नायु, वात	राहु : वायु
केतु : अस्थि	

(त) प्रकाश और ग्रह

सूर्य और चन्द्रमा देवता हैं, स्वतः प्रकाशमान हैं।
मंगल, बुध, बृहस्पति शुक्र तथा शनि स्वतः प्रकाशमान नहीं है।
राहु तथा केतु तमोगुणी हैं, छाया हैं।

(थ) ऋतुचक्र तथा ग्रह

भौम	ग्रीष्म ऋतु
चन्द्र	वर्षा ऋतु
बुध	शरद् ऋतु
गुरु	हेमन्त
शुक्र	वसन्त
शनि	शिशिर

(द) काल तथा ग्रह

सूर्य	अयन का स्वामी (छह मास)
चन्द्रमा	क्षण का स्वामी दो घड़ी (48 मिनट)
भौम	दिन-रात
बुध	ऋतु का स्वामी
गुरु	मास
शुक्र	पक्ष (15 दिन)
शनि	वर्ष का स्वामी

(ध) लोक स्वामी ग्रह

गुरु देवलोक का स्वामी
चन्द्रमा तथा शुक्र—मनुष्य लोक के
सूर्य व भौम—पितृलोक के
बुध व शनि—नरक लोक, पक्षी संसार

(न) रस (स्वाद) तथा ग्रह

सूर्य—कड़वा चन्द्र—क्षार

भौम–तीता	बुध–मिश्रित
गुरु–मधुर	शुक्र–खट्टा
शनि–कसैला	

(प) स्थान विशेष ग्रह

सूर्य	देव स्थान	चन्द्र	जल स्थान (वाथरूम)
मंगल	अग्नि स्थान (किचन)	बुध	प्रांगण
बृहस्पति	कोश स्थान (लॉकर)	शुक्र	शयन स्थान (बैडरूम)
शनि	स्टोर (कूड़ा करकट)		

(फ) पोशाक (वस्त्र) और ग्रह

सूर्य	मोटा कपड़ा यानी खद्दर
चन्द्रमा	सुन्दर नया वस्त्र
मंगल	जला हुआ, दागी वस्त्र
बुध	धोया हुआ कपड़ा
बृहस्पति	सामान्य वस्त्र, पूजा योग्य
शुक्र	आकर्षक-सिल्की वस्त्र
शनि	फटा हुआ, मैला वस्त्र

(ब) रत्न, धातु तथा ग्रह

सूर्य	माणिक (सोना या ताँबा)
चन्द्र	मोती (चाँदी)
मंगल	मूँगा (सोना या ताँबा)
बुध	पन्ना (चाँदी)
बृहस्पति	पीला पुखराज (सोना)
शुक्र	हीरा (चाँदी)
शनि	नीलम (चाँदी या लोहा)
राहु	गोमेद (सप्त धातु या लोहा)
केतु	लहसुनिया (चाँदी या लोहा)

(भ) बीज मन्त्र

सूर्य–ओं ह्रां ह्रीं ह्रौं सः सूर्याय नमः।
चन्द्र–ओ श्रां श्रीं श्रौं सः चन्द्रमसे नमः।
मंगल–ओं क्रां क्रीं क्रौं सः भौमाय नमः।
बुध–ओं ब्रां ब्रीं, ब्रौं सः बुधाय नमः।
गुरु–ओं ग्रां ग्रीं ग्रौं सः गुरवे नमः।

शुक्र—ओं द्रां द्रीं द्रौं सः शुक्राय नमः।
शनि—ओं प्रां प्रीं प्रौं सः शनये नमः।
राहु—ओं भ्रां भ्रीं भ्रौं सः राहवे नमः।
केतु—ओं स्रां स्रीं स्रौं सः केतवे नमः।

(म) ग्रहों की आपसी मित्रता, शत्रुता व समता, नैसर्गिक

ग्रह	मित्र	सम	शत्रु
सूर्य	चं० मं० बृ०	बु०	शु० श०
चन्द्र	सू० बु०	मं० बृ० शु० श०	—
मंगल	सू० चं० बृ०	शु० श०	बु०
बुध	सू० शु०	मं० बृ० श०	च०
बृहस्पति	सू० च० मं०	श०	बु० शु०
शुक्र	बु० श०	मं० बृ०	सू० चं०
शनि	बु० शु०	बृ०	सू० चं० मं०

ग्रहों से जुड़ी प्रमुख वस्तुएँ

सूर्य—सोना मतान्तर से ताम्बा, गेहूँ, गुड़, केसर, खस-खस, घी, गुलाबी रंग के वस्त्र, साठी चावल, लाल चन्दन, लाल गुलाब, लाल रंग की गाय या कुत्ता, गुलाबी पगड़ी, तेजफल, लाल कमल का फूल, नारियल, लाल माणिक्य।

चन्द्र—चाँदी, काँस्य, दूध, दही, चावल, शंख, सफेद सीपी, सफेद वस्त्र, सफेद पुष्प, निर्मल जल, कपूर, सफेद गाय, सफेद कुत्ता, खरगोश, सफेद बिल्ली, सफेद चन्दन, चकोर, हंस, बर्फ, सफेद मोती।

मंगल—ताँबा, मतान्तर से सोना, केसर, कस्तूरी, गेहूँ, लाल चन्दन, लाल गुलाब, सिन्दूर, शहद, लाल पुष्प, शेर, मृगछाला, मसूर की दाल, लाल कनेर, लाल मिर्च, लाल पत्थर, लाल मूँगा।

बुध—स्वर्ण मतान्तर से काँस्य, स्टेशनरी का सामान, हरे वस्त्र, केला, हरी सब्जियाँ, मूँग की दाल, तोता, मिट्टी का घड़ा, घी, हरे रंग का पत्थर, हरे रंग की वस्तुएँ एवं पन्ना।

बृहस्पति—सोना मतान्तर से चाँदी, दाल, चना, हल्दी, केसर, पीला रंग, पीली वस्तुएँ, लुकाठ, काँस्य, पीत पुष्प, कस्तूरी, सेब, मेंढक, घोड़ा, घी, पीपल का वृक्ष, पीली मिट्टी, पीला पुखराज।

शुक्र—चाँदी, सोना, आभूषण, सफेद चन्दन, सुगन्धित द्रव्य, श्वेत पुष्प, दूध, मिश्री, श्वेत मिट्टी, काम धेनु गाय, दही, चिड़िया, अभ्रक, आलू, श्वेत पत्थर, हीरा।

शनि—लोहा, लोहे की वस्तुएँ, नीले वस्त्र, सरसों का तेल, काले माश, काली मिर्च, काले वस्त्र, काले चने, काला सुरमा, भैंस, काला साँप, चमड़ा, कुलथी, गर्म

मसाले, पत्थर का कोयला, नीले पुष्प, नीला पत्थर, नीलम।

राहु—सीसा सर्प, काला रंग, काले तिल, जौ, सरसों का तेल, काले रंग के पुष्प, हाथी, कच्चे कोयले, अभ्रक, मच्छली, गर्म कपड़े, बिजली के यन्त्र, नील गाय, धुआँ, कुंडली में राहु जिस ग्रह का प्रतिनिधित्व करता है उस ग्रह की वस्तुएँ, गोमेद।

केतु—लोहा, चूहा पलंग, चितकबरा कुत्ता, चितकबरे रंग, सर्प, पेशाब, चितकबरा कम्बल, छिपकली, काले-सफेद तिल, चितकंबरी गाय, श्मशान भूमि, चितकबरा पत्थर, कंडली में केतु जिस ग्रह का प्रतिनिधित्व करता हो उस ग्रह की वस्तुएँ, लहसुनिया।

ग्रहों का विंशोतरी दशा काल

सूर्य :	6 वर्ष	चन्द्र :	10 वर्ष
मंगल :	7 वर्ष	राहु :	18 वर्ष
बृहस्पति	16 वर्ष	शनि :	19 वर्ष
बुध :	17 वर्ष	केतु :	7
शुक्र :	20 वर्ष		

ग्रहों के अधिदेवता : (पूज्य देवता)

सूर्य :	अग्नि	चन्द्र :	जल (वरुण)
मंगल :	कार्तिक स्वामी	बुध :	विष्णु
बृहस्पति :	इन्द्र	शुक्र :	शची (माया)
शनि :	ब्रह्मा		

ग्रहों की अवस्थाएँ

1. उच्च राशि में : दीप्त
2. स्व राशि में : स्वस्थ
3. अधिमित्र राशि में : मुदित
4. मित्र ग्रह राशि में : शान्त
5. सम ग्रह की राशि में : दीन
6. शत्रु की राशि में : दुःखी
7. पाप ग्रह के साथ : विकल
8. पाप ग्रह की राशि में : खल
9. सूर्य के साथ अस्त : कोपी
10. नीच राशि में : अति भीत

नक्षत्रों, राशियों तथा ग्रहों का आपसी सम्बन्ध

नक्षत्र तथा विंशोत्तरी दशा

किस नक्षत्र में चन्द्रमा होने से किस महादशा में जन्म होता है।

अश्विनी	मघा	मूल	केतु
भरणी	पूर्वा फाल्गुनी	पूर्वाषाढ़	शुक्र
कृतिका	उत्तरा फाल्गुनी	उत्तराषाढ़	सूर्य
रोहिणी	हस्त	श्रवण	चन्द्र
मृगशिर	चित्रा	धनिष्ठा	मंगल
आर्द्रा	स्वाती	शतभिषा	राहु
पुनर्वसु	बिशाखा	पूर्वाभाद्र	बृहस्पति
पुष्य	अनुराधा	उत्तराभाद्र	शनि
आश्लेषा	ज्येष्ठा	रेवती	बुध

ग्रहों की स्व, उच्च-नीच तथा मूल त्रिकोण राशियाँ

ग्रह	स्व	उच्चराशि	नीचराशि	मूल त्रिकोण
सूर्य	5	1	7	5
चन्द्र	4	2	8	2
मंगल	1, 8	10	4	1
बुध	3, 6	6	12	6
बृहस्पति	9, 12	4	10	9
शुक्र	2, 7	12	6	7
शनि	10, 11	7	1	11

ग्रहों के फलीभूत होने के वर्ष

सूर्य	22-24	चन्द्र	24-25
मंगल	28-32	बुध	32-36
शुक्र	26-28	बृहस्पति	16-24
शनि	36-42	राहु	44-52
केतु	48-50		

भाग-ख

आधुनिक लोकतन्त्र में ग्रहों की स्थिति, कारकत्व तथा प्रभाव क्षेत्र
ग्रहों का कार्य-विस्तार क्षेत्र—व्यापक कारकत्व, ग्रह कहाँ-कहाँ, क्या-क्या करते हैं।
सुख-दुःख, मानसिक शान्ति के प्रतीक ग्रह
ग्रहों का अस्त यानी शक्तिहीन होना।

आधुनिक लोकतन्त्र तथा ग्रह

सूर्य—राजसत्ता एवं राजकीय कार्यों से जुड़े विभाग, राष्ट्रपति, प्रधानमन्त्री, मुख्यमन्त्री तथा प्रशासनिक विभाग, उच्च पदों पर आसीन कर्मचारी वर्ग, राजकीय नीतियों के सलाहकार आदि। राजनेता।

चन्द्र—गृहमन्त्रालय, जल-साधनों से जुड़े विभाग, पर्यावरण और वन विभाग, मछली पालन विभाग, जहाजरानी मन्त्रालय।

मंगल—रक्षा मन्त्रालय, खेल जगत से जुड़े विभाग, परमाणु बिस्फोट, पेट्रोलियम गैस विभाग, विद्युत् विभाग, युवक कार्यक्रम, ऊर्जा स्रोत।

बुध—वित्त मन्त्रालय, आर्थिक आदान-प्रदान से जुड़े समस्त विभाग, बैंकिंग, शेयर संचालन, आयात-निर्यात विभाग, कम्पनी मामले, उपभोक्ता मामले, डाक व तार विभाग।

बृहस्पति—मन्त्रालय : विदेश मन्त्रालय न्याय, उच्च न्यायालय, चुनाव आयोग, शिक्षा मन्त्रालय, प्रमुख सलाहकार, समितियाँ, स्वास्थ्य विभाग, राजदूत, परिवार नियोजन।

शुक्र—रेल विभाग, यातायात से जुड़े सभी कर्मचारी, दूर-संचार, दूरदर्शन तथा मीडिया और सिने जगत से जुड़े सभी विभाग, रसायन उर्वरक विभाग, पर्यटन विभाग, वस्त्र मन्त्रालय, सूचना एवं प्रसारण मन्त्रालय, खाद्य विभाग।

शनि—मानव संसाधन विकास, श्रमिकों से जुड़े सभी विभाग, कृषि विभाग, जेल विभाग, चुनाव प्रक्रिया से सम्बद्ध कर्मचारी, स्टील इस्पात विभाग, अनुसूचित जनजाति कल्याण विभाग, कोयला खान मन्त्रालय, लघु उद्योग।

कारकत्व एवं कार्य विस्तार

1. **सूर्य**—पिता का सुख, शरीर का सुख, पूर्व पुन्याई, मन की रुचि, राज्य कार्य, बड़े

भाई का सुख, वैद्यक विद्या, समीप या प्रयाण (यात्रा), श्रीमान और अधिकारी लोगों से मित्रता, राज-विद्या, राज से मान सम्मान, श्रेष्ठ अधिकारी सत्ताधारी योग, राज्याधिकारी वर्ग, लोक मान्यता, प्रसिद्ध नेता, राष्ट्र के कर्णधार, बड़ी संस्थाओं के कर्णधार, जागीरदार, दीवान आदि व राज सेवा, उपजीविका वीरता, योग्यता, तत्त्व ज्ञान, मन की शुद्धि, आत्मा, फजूल खर्ची, स्वर्ण, अश्व, पद्मराग, मणि, सिंहासन, रक्त ताम्र, व्रण, भेषज, शौर्य, नेत्र चिकित्सा, प्रताप, बड़प्पन, धैर्य, सामर्थ्य, (शक्ति) साहस, युद्ध में जीत, शिव ईश्वर के सम्बन्ध का कोई कार्य, जंगल वा पहाड़ी स्थान का जाना, होम यज्ञ कार्य में प्रवृत्त होना, देव स्थान, स्वभाव, निरोगता, लक्ष्मी का विचार, ज्ञान का उदय, भाग्य, राजनैतिक शक्ति, पिता और पिता की ओर के सम्बन्धी, क्षत्रिय, रक्त वस्त्र, रक्त चन्दन, मूँगा, माणिक्य, गोधूम, गुड़, केशर, कमल, नवीन, गुड़, सवत्सा गौ आदि का कारक है।

2. चन्द्र—मातृ सुख, सौन्दर्य सुख, यश प्राप्ति, ज्योतिष विद्या की रुचि, दूर का प्रयास, जल प्रयास, मन बुद्धि, स्वास्थ्य, राज ऐश्वर्य, सम्पत्ति, सुगन्धित वस्तुओं का शौक, वाहन सुख, द्रव्य, संचय, धँधे में उन्नति, प्रजा पक्ष, जनता, सामान्य लोग, जनता की वृत्ति, प्रजा पक्षीय नेताओं के मन को स्थिति तथा स्त्री मन, आनन्द, चाँदी, चेहरा, कीर्ति, दूध, यात्रा, वस्त्र, जल, कृषि, धन, गौ, शस्य, लज्जा, मणि, शंख, विनय, पुष्प रस वर्ग, धातृ, दीप्ति, सन्तोष, समुद्र स्नान, सफेद चादर, छत्र, सुव्यंजन (पंखा) कोमलता, मुक्ता प्राप्ति, काँसा, सुख, भोजन, प्रसन्नता, राजा, दया, हर्ष, हृदय की चेतना शक्ति, बुद्धि, राज कृपा, ब्राह्मण, श्वेत वस्त्र, श्वेत चन्दन, श्वेत चावल, श्वेत पुष्प, घृत, दही, कपूर, बैल, गेहूँ, लवण, वंश पात्र आदि का कारक है।

3. मंगल—साहस, लघुभ्राता सुख, पराक्रम, धैर्य, अभिमान, शत्रु कीर्ति, बुद्धि के आचार कार्य, युद्ध नेतृत्व धनुर्विद्या, रीग धातु, विद्या, रक्त विकार, शल्य क्रिया (ऑपरेशन), युद्ध, लड़ाई, अग्नि, भूमि, भाई, क्रोध, पित्तविकार, ऋण, सोना, कृषि, शिव शक्ति, नुकताचीनी करना, काम, बाहुबल, ताम्र, मूँगा, माणिक्य, दंड नीति, गृह, विष, कीट, वंश, खैर, गन्धक, सिंह, व्याघ्र, बल, विद्वेष, पकाने के बर्तन, अग्नि, अस्त्र, चीर, शत्रु, मिथ्या-भाषण, मानसिक विचारों की उच्चता, पुत्र, खड्ग, फर्सा, कुल्हाड़ा, तोप, धनुष, बाण आदि, गम्भीरता, कलंक, स्वातन्त्र्य, आचरण के गुण, रक्त के सम्बन्ध के बन्धु, बहिन (पितृ वंश के), उद्योग, शाला, पुत्र, मसूर, गोधूम, केसर, कस्तूरी, रक्त वस्त्र, रक्त पुष्प, रक्त चन्दन, रक्त वृष, गुड़।

4. बुध—युवराज, कौमार, बन्धु, सौख्य, बुद्धि, विद्या, वक्तृत्व शक्ति, प्रवीणता, मित्र सुख, मनःशान्ति, सम्पत्ति, स्वतन्त्र धन्धा, वाणी, लेखन कला, वेदान्त विषय की रुचि, कला कौशल, ज्योतिष विद्या की रुचि तथा ज्ञान, गणित शास्त्र, विद्वत्ता, विवेक, लेखक, ग्रन्थकार, वक्ता, सम्पादक, मुद्रक, प्रकाशक, परराष्ट्रीय मन्त्री, कारभारी, व्यापारी, सराफी का धन्धा, ज्योतिषी, वकीली आदि धन्धा, तत्व ज्ञान, विष्णु की भक्ति,

व्यापार, वाक्य चातुर्य, उपासना आदि में पटुता, धर्म, चाची, मामा, मौसी, मामी, बान्धव, सुहृद, बहन की सन्तान, युवराज सन्तान, शान्ति, नम्रता, हास्य, नृत्य, वैद्य, भय, दासी, मुद्‌ग, पिंजरा, ताम्बूल, पलास, काँसा, सुवर्ण, सीप, गजदन्त, मूँगा, धृत, पन्ना, पुष्प, रत्न, कर्पूर, फल, शस्त्र, षटरस, सत्य भाषण, क्रीड़ास्थल।

5. गुरु—सन्तति, सम्पत्ति, ज्ञान अधिकार, ऐवर्श्य, राजसन्मान, लोक संग्रह, वेदान्त ज्ञान, धन्धा, उपजीविका, मल्ल विद्या, तीव्र बुद्धि, ग्रहण शक्ति, वाहन आदि सुख, धर्म गुरु, संस्कृत विद्या, व्याकरण, शास्त्र, अधिकारी, न्यायाधीश, वकील, श्रीमान्, व्यापारी, जागीरदार, शान्तिप्रिय, संस्थापक आदि। स्वास्थ्य, धन, कोमल वाणी, पुत्र, घरेलु आनन्द, मन्त्रीपना, सचिव, उचित व्यय, आत्मज्ञान, स्वतन्त्रता, दान, हृदय, कविता, वेद-वेदान्त, ब्राह्मण्य, भक्ति, श्रद्धा, मेधा, प्रणय, सदाचार, वैष्णव, गौरव, प्रज्ञता, प्रवचन, पाण्डित्य, विद्या, सुख आचार्य, माहात्म्य, सदगति, देव ब्राह्मण भक्ति, बलि, तप, जितेन्द्रिय, कोष स्थल, पति का सुख, सन्मान, धन, जीवन का उपाय, कर्म योग, सिंहासन, शारीरिक विकास, पितामह, देव ब्राह्मण, गृह, पीत वस्त्र, पीत धान्य, पीत पुरुष, पीत फल, सुवर्ण, पुखराज, मधु, हल्दी, लवण, गज, छत्र, सत्कर्म, अध्ययन, मित्र, कार्तस्वर, शिष्टत्व, जयपत्र, कीर्ति, श्रुति शास्त्र और स्मृति ज्ञान, सर्व उन्नति, वाहन, अनेक रंग के वस्त्र।

6. शुक्र—स्त्री व प्रापंचिक सुख, कवित्व, गायन, वादन कला में निपुण, प्राचीन संस्कृति का अभिमानी, सौन्दर्य के प्रति प्रीति, विषय सुख इन्द्रिय आनन्द, सुगन्ध पदार्थ का प्रेमी, कला-कौशलप्रिय, द्रव्य लाभ, स्वतन्त्र धन्धा, राजाश्रय, राजकार्यभार का ज्ञान, अलंकार, यान्त्रिक विद्या, अष्ट सिद्धि, साहित्य ज्ञान, व्यापार, हीरा, मोती, कपास का व्यापारी, शेयर, ऐश आरामी, देश की सम्पत्ति, विवाह, कीर्ति, सुन्दरता, ललित कला, गाना-नाचना, कविता आदि, आनन्द, बृद्धि, तमाशा, व्यभिचार, कुटुम्ब, नेत्र, प्रकाश, शयन गृह, वाहन, देवी की भक्ति, हाथी घोड़े आदि वाहन सुख, मन्त्रित्व, सहनशील, स्त्री संभोग, स्वतः के द्रव्य के सम्बन्ध का ज्ञान, काम-क्रीड़ा, मन्दिर, उन्नति, विलास, सुन्दर भाषण, उत्सव दासत्व, रस, अद्‌भुत (रस) सुन्दरता, राजा, राजपुरुष, वशीकरण, गरुड़ विद्या, इन्द्रजाल, चातुरी, भाग्य आचरण, सुख, गौरव, विभव, श्वेत तंडुल, श्वेत चन्दन, चित्र वस्त्र, श्वेत पुष्प, धृत, दधि, सुवर्ण, चाँदी, हीरा, सुगन्ध द्रव्य, गौ, भूमि, कौमार, यौवन, अवस्था और रस, सृष्टि, सौभाग्य सुभोजन, शैया सुख, विनोद पुष्प गन्ध, मन्द भोगस्थान वेश्या रति, स्त्री जन के शरीर, श्वेत वस्त्र।

7. शनि—आयुष्य, दुष्ट बुद्धि, लोभ, मोह, घात कर्म, रोगी, सरकारी आरोप, राजदंड, कैद, उद्योग, हानि, दासत्व, नीच विद्या, मजदूर वर्ग, खेती, खनिज, नौकर वर्ग, पराधीनता, विश्वासघात, कामगार, प्रेस का स्वामी, अशिक्षित, कायदा-कानून में प्रवीण, नपुसंकता, मिथ्यापन, पाप, नरक, शोक, अंग्रेजी शिक्षा, जुआ खेलना, मदिरापान, मृत्यु दण्ड, जीवन, पेट, लिवर, वातव्याधि, कष्ट, क्लेश, पराभव, भय, पतित

होना, दुःख अपमान, रोग, अपवाद, कुलीपना, अशौच, निन्दा, आपत्ति, बुढ़ापा, स्थिरता, नीच जन आश्रय, तन्द्रा, ऋण, महिष, लोहा, नील वस्त्र कम्बल, गर्दभ, पादुका, दलिया, कृष्ण अन्न, माषान्न, तिल तेल, कृष्ण वस्त्र, कुल्थी, कृष्णधेनु, कृष्णपुष्प, जूता, कस्तूरी, गज, नीलम, आयुर्दाय, जीवन का उपाय, सर्व राज्य, आयुध, शूद्र, भृत्य, (सेवक) विघ्न, शल्य, शूल रोग, बात कृषि साधन, मृत्यु का कारण, ठगी, मोह, लोभ, पर पीड़ा, निष्ठुरता, दरिद्रता, दुर्दशा और पुत्र।

8. राहु—आज का सुख, गारुड़ी विद्या, आकस्मिक घटना, भूत, बाधा, अरुचि, राजछत्र, सन्मान, अंग्रेजी शिक्षा, बगीचा, राज्य, नाना, म्लेच्छ प्रताप, धूप, श्मशान, तस्कर भेद, विधवा, व्यौहार, शिला, बाल्मीकि, चर्म, ज्वर, अपस्मार, विशूचिका, संकोच, देशाटन, वैराग्य, भ्रष्टता, घोर-युद्ध, पितामह, यश प्रतिष्ठा, छत्र का कारण, अन्धेरापन, विष, सर्प, यात्राकाल, द्यूत, माषान्न, सप्त धान्य, गोपद, नील वस्त्र, खड्ग, तिल तैल, लोह कम्बल, घोड़ा, कृष्ण पुष्प, ताम्र पात्र, महारण्य, महोत्पात, सुख कष्ट आदि।

9. केतु—तन्त्र, मन्त्र, विद्या, आजीविका सुख, एक तन्त्री विचार, मन्त्र सिद्धि के प्रयत्न, युक्ति, गंगा-स्नान, मन्त्र शास्त्र, आत्मज्ञान, विष, ज्वर, शंका, तत्वज्ञान की ओर मन का झुकाव, वैराग्य, तीर्थाटन, भिक्षाटन, क्षोभ, कलह, विप्लव, शिव की भक्ति, गुहा प्रवेश, चिन्ताएँ, स्त्री, माता-पिता, सास-स्वसुर, मातामह (नाना) मातामही, व्रण, चर्म रोग, शूल, क्षुधा, पीड़ा, कम्बल, कस्तूरी, वैदुर्य, शस्त्र, माषान्न, कृष्ण पुष्प, तिल तैल, रक्त सुवर्ण, लोहा, सप्त धान्य।

कारक विचार पर कुछ उदाहरण

अधिकार के सम्बन्ध में विचार करना है तो कुंडली में रवि की स्थिति पर पहिले विचार करना क्योंकि इसकी शुभाशुभ स्थिति पर दशमेश और लग्नेश का फल निर्भर है।

स्त्री और प्रापंचिक सुख का निर्णय करते समय केवल सप्तम के ग्रह तथा सप्तमेश की स्थिति से ही नहीं विचारना। किन्तु शुक्र जो इस सुख का दाता है इससे भी प्रथम विचार करना। विद्या सन्तति सम्पत्ति का निर्णय करते समय केवल लग्नेश, धनेश, पंचमेश, नवमेश, और लाभेष की ही स्थिति नहीं विचारना किन्तु गुरु की शुभाशुभ स्थिति पर विचार कर इन स्थानों पर उनकी दृष्टि का विचार अवश्य करना चाहिए तब पूर्ण फल प्रगट होगा।

आर्थिक सुख का विचार करते समय धनेश और लाभेश के साथ शुक्र चन्द्र का भी विचार अवश्य करना चाहिए।

दुःख, संकट, रोग, आयुष्य आदि का शनि कारक है। इन विषयों का विचार करते समय शनि के उच्च नीच राशि और अंश शुभ ग्रहों की दृष्टि और युति का भी विचार करना चाहिए तभी ठीक फल मिलेगा।

सुख-दुःख के कारक ग्रह पर विचार

मन में सुख की इच्छा स्वाभाविक होती है परन्तु प्रत्येक प्रकार के सुख की परिभाषा भिन्न है। यहाँ बताया है कि किस ग्रह से किस प्रकार के सुख का विचार करना।

गुरु शुक्र से–धन की स्थिति एवं द्रव्य लाभ का विचार।

शुक्र से–स्त्री व प्रापंचिक सुख।

रवि चन्द्र से–शारीरिक एवं मानसिक सुख।

गुरु से–बुद्धि विद्या एवं सन्तति सुख।

रवि गुरु शनि से–नौकरी, अधिकार राज सम्मान।

शुक्र बुध से–व्यापार या लेनदेन के धन्धे साहूकारी आदि।

मंगल से–साहस, पराक्रम या यश का विचार करना।

ग्रहों का (अस्त) शाक्तिहीन होना

वाह्य ग्रहों का अस्त होना

(अ) सूर्य वाह्य ग्रहों (शनि, बृहस्पति और मंगल) से तेज चलता है। अगर इन ग्रहों के भोगांश, सूर्य के भोगांशों से अधिक हों तब सूर्य उनकी ओर चलता प्रतीत होता है। ऐसी हालत में वह ग्रह सूर्यास्त के पश्चात पश्चिम में देखा जाता है। इसके कुछ दिन पश्चात जब सूर्य इनके समीप आ जाता है, वह केवल आँखों से नहीं देखे जा सकते और उस अवस्था में यह कहा जाता है कि ग्रह अस्त हो गया। कुछ दिनों के पश्चात सूर्य का भोगांश उन ग्रहों के भोगांश के समान हो जाता है तब कहते हैं कि ग्रह पूर्णतया अस्त है। इसके कुछ दिन पश्चात सूर्य उनसे निश्चित भोगांश आगे निकलने पर यह वाह्य ग्रह सूर्योदय से कुछ पहले पूर्वी आकाश में क्षितिज के समीप दिखाई देता है। उस समय इस ग्रह का उदय होना कहा जाता है।

इस उदय अस्त होने के लिए हम ग्रहों और भचक्र के चलने की दिशाओं पर ध्यान देते हैं। पृथ्वी पश्चिम से पूर्व की ओर घूम रही है और ग्रह इस कारण भचक्र और ग्रह पूर्व से पश्चिम की ओर घूमते दिखाई देते हैं। भचक्र की कोई राशि जो किसी समय पूर्व में उदय हो रही हो वह उस समय का लग्न होती है। सूर्योदय के समय मान लो सूर्य के भोगांश 15^0 मेष है। उस दिन सूर्य जब याम्योत्तर वृत्त पर है तब लग्न के भोगांश 15^0 कर्क के लगभग होंगे। सूर्य से भोगांश लगभग वही रहे अर्थात् याम्योत्तर वृत पर होनेवाली राशि के भोगांश 15^0 मेष के लगभग है। उस ही दिन सूर्यास्त के समय सूर्य के भोगांश लगभग $15^0 30'$ मेष होंगे और लग्न के तुला के 15^0 के लगभग होंगे। इससे हमने देखा कि भचक्र पूर्व से पश्चिम की ओर घूमकर एक दिन में एक चक्र पूरा करता है।

इससे यह भी मालूम हुआ कि भचक्र के भोगांश पश्चिम से दक्षिण से पूर्व

से उत्तर की ओर बढ़ते हैं। (अर्थात् पृथ्वी के घूमने की दिशा में बढ़ते हैं)।

(ब) चन्द्रमा कभी वक्री नहीं होता क्योंकि वह पृथ्वी की परिक्रमा कर रहा है। यह सूर्य से काफी तेज चलता है। यह मास में एक बार अस्त होता है। जब इसके भोगांश, सूर्य से 12^0 तक कम हों (अर्थात् अमावस्या को)। तब यह अस्त होता है। क्योंकि उस समय यह केवल आँखों से दिखाई नहीं देता। कृष्णपक्ष की चतुर्दशी को यह पूर्व में छुप जाता है और शुक्ल पक्ष की प्रतिपदा के बाद पश्चिम में उदय होता है। पूर्णिमा या इसके पास इसके भोगांश सूर्य से भोगांश से 6 राशि के लगभग अधिक होने के कारण यह रात्रि के आरम्भ में पूर्व में दिखाई देता है।

उदयास्त विधिः प्राग्वत्कर्तव्य शीतगोरपि।
भागैर्द्वादशभिः पश्चाद् दृश्यः प्राग्यात्यदृश्यतामा।
(सूर्य सिद्धान्त श्रृंङ्गोन्नत्यधिकार)

अन्तर ग्रहों का अस्त होना

बुध और शुक्र जब पृथ्वी के समीप आते हैं तब मार्गी नहीं रहते और वक्री हो जाते हैं। इनकी कोणीय गति सूर्य से तेज है। जब यह मार्गी हों और इनके भोगांश सूर्य के भोगांश से कम हों, उस समय यह सूर्योदय से पहले पूर्व में दिखाई देते हैं। अपनी शीघ्र गति के कारण कुछ दिवस पश्चात यह सूर्य के समीप पहुँच जाते हैं और दिखाई नहीं देते। (अर्थात् अस्त हो जाते हैं) जब यह सूर्य से आगे निश्चित दूरी पर पहुँच जाते हैं तब यह पश्चिम में सूर्यास्त के पश्चात दिखाई देते हैं।

बुध और शुक्र सर्वदा मार्गी नहीं रहते बल्कि यह जब पृथ्वी के समीप पहुँचते हैं तब वक्री हो जाते हैं। इन इनके भोगांश सूर्य से, अधिक होते हैं। तब सूर्यास्त के पश्चात् पश्चिम में दिखाई देते हैं और पश्चिम में ही क्षितिज के नीचे जाकर छुप जाते हैं कुछ समय बाद इनके भोगांश सूर्य के समान हो जाते हैं तब अस्त कहलाते हैं। इसके बाद कुछ निश्चित भोगांश सूर्य से कम होने पर यह सूर्योदय से पहले पूर्व में दिखाई देते हैं

ग्रहों के पृथ्वी से दिखाई देनेवाले औसत बिम्बमान इस प्रकार है।

मंगल 9''.4
बुध 6''.6
गुरु 190''.4
शुक्र 16''.6
शनि 158''.0

सूर्य से निम्नलिखित भोगांशों की दूरी पर ग्रह अस्त होते हैं।

	मार्गी	वक्री
चन्द्रमा	12^0	–
मंगल	17^0	–
बुध	14^0	12^0
गुरु	11^0	–
शुक्र	10^0	8^0
शनि	15^0	–

इस सारणी से देखने पर मालूम होगा कि चन्द्रमा, मंगल, गुरु और शनि के वक्री कॉलम खाली हैं। चन्द्रमा कभी वक्री नहीं होता इसलिए चन्द्रमा के लिए इस कॉलम का प्रश्न ही नहीं उठता।

वाह्य ग्रह (मंगल, बृहस्पति और शनि) अस्त तक होते हैं जब इनकी युति सूर्य से हो या यह युति के समीप हों। विपरीत युति में अस्त होने का सवाल ही पैदा नहीं होता, उस समय तो इनकी पूर्णिमा के चन्द्रमा जैसी स्थिति होती है। उस समय इनकी सूर्य से भोगांशों में दूरी 180^0 के लगभग होती है। वाह्य ग्रह विपरीत वृत्ति के समीप ही वक्री होते हैं। उस समय यह पृथ्वी की समीप होते हैं।

अब इन ग्रहों के बिम्बमान व अस्त होने वाली सारणियों का अध्ययन करते हैं।

बृहस्पति को अस्त होने के लिए सूर्य 11^0 भोगांश की दूरी की आवश्यकता है, जबकि शनि को 15^0 की। इसके कारण हैं कि (1) शनि का पृथ्वी से बृहस्पति की बजाय अधिक दूरी पर होना। (2) बृहस्पति का बिम्बमान शनि के बिम्बमान से अधिक होना। इसलिए बृहस्पति सूर्य से 15^0 से 11^0 तक की दूरी में भी दिखाई देता रहता है।

जब शुक्र और बुध मार्गी होते हैं तब शुक्र बुध की अपेक्षा पृथ्वी से अधिक दूरी पर होता है। मगर इसका औसत बिम्ब बुध से ढाई गुणा अधिक बड़ा होने के कारण यह सूर्य के अधिक समीप आकर भी दिखाई देता है।

जब यह ग्रह वक्री होते हैं तब शुक्र पृथ्वी (प्रेक्षक) के अधिक पास होता है बजाय बुध के और शुक्र का बिम्ब भी बड़ा है। इस कारण यह सूर्य के अधिक समीप आकर भी दिखाई देता है।

यह भी ध्यान दिया होगा कि शुक्र और बुध के मार्गी के समय अस्त होने वाले भोगांश वक्री के समय से अधिक हैं। जिस समय यह मार्गी होते हैं और अस्त होते हैं, तब इनके और पृथ्वी के मध्य सूर्य होता है अर्थात् यह पृथ्वी से लगभग अधिकतम दूरी पर होते हैं। जब यह वक्री और अस्त होते हैं तब पृथ्वी और सूर्य के बीच यह ग्रह होते हैं और इनकी पृथ्वी से दूरी न्यूनतम होती है। किसी ग्रह का बिम्बमान पृथ्वी (प्रेक्षक) से दूरी के अनुसार होता है। अधिक दूरी पर बिम्बमान

कम होगा और कम दूरी पर बिम्बमान अधिक। इस कारण वक्री ग्रहों को अस्त होने के लिए कम भोगांशों की आवश्यकता है बजाय मार्गी के।

अस्त होने में केवल भोगांशों को ही ध्यान में रखा गया है और विक्षेप (शर) को नहीं। विक्षेप को भी गणना में नहीं लेने से कई बार गणित के हिसाब में और वेध (देखने) में काफी दिनों का अन्तर आ जाता है।

सातवाँ अध्याय

नक्षत्रों का परिचय एवं विवरण
नक्षत्रों की संख्या
नक्षत्रों के अंश
नक्षत्र तथा नामकरण (हिन्दी वर्णमाला)
मानव शरीर तथा नक्षत्र
नक्षत्रों के गुण भेद
लिंग भेद और नक्षत्र
नक्षत्र के स्वामी ग्रह
नक्षत्र और भाग्य फल

नक्षत्रों का परिचय एवं विवरण

कुल नक्षत्र 27 हैं, कुछ विद्वान नक्षत्रों की संख्या 28 मानते हैं। 'अभिजित' नक्षत्र की गणना उत्तराषाढ़ा और श्रवण के बीच की जाती है।

नक्षत्र तथा अंश

नक्षत्र–समस्त 'भचक्र' या नक्षत्र-मंडल को 27 हिस्सों में बाँटा गया है। इस कारण 360÷27 = 13 डिग्री (अंश) 20 कला–यह एक नक्षत्र का हिस्सा है। सारे 'भचक्र' को निम्नलिखित 27 हिस्सों में बाँटा गया है। जिस हिस्से में जो प्रमुख तारा स्थित है उसी के नाम से वह (आकाश का) भाग ख्यात हो गया है।

विभाग	रा.	अं.	क.	से.	रा.	अं.	क.	तक नक्षत्र
1.	0	0	0	से	0	13	20	तक अश्विनी
2.	0	13	20	से	0	26	40	तक भरणी
3.	0	26	40	से	1	10	0	तक कृतिका
4.	1	10	0	से	1	23	20	तक रोहिणी
5.	1	23	20	से	2	6	40	तक मृगशिरा
6.	2	6	40	से	2	20	0	तक आर्द्रा

7.	2	20	0	से	3	3	20	तक	पुनर्वसु
8.	3	3	20	से	3	16	40	तक	पुष्य
9.	3	16	40	से	4	0	0	तक	आश्लेषा
10.	4	0	0	से	4	13	20	तक	मघा
11.	4	13	20	से	4	26	40	तक	पूर्वा फाल्गुनी
12.	4	26	40	से	5	10	0	तक	उत्तरा फाल्गुनी
13.	5	10	0	से	5	23	20	तक	हस्त
14.	5	23	20	से	6	6	40	तक	चित्रा
15.	6	6	40	से	6	20	0	तक	स्वाति
16.	6	20	0	से	7	3	20	तक	विशाखा
17.	7	3	20	से	7	16	40	तक	अनुराधा
18.	7	16	40	से	8	0	0	तक	ज्येष्ठा
19.	8	0	0	से	8	13	20	तक	मूल
20.	8	13	20	से	8	26	40	तक	पूर्वाषाढ़
21.	8	26	40	से	9	10	0	तक	उत्तराषाढ़
22.	9	10	0	से	9	23	20	तक	श्रवण
23.	9	23	20	से	10	6	40	तक	धनिष्ठा
24.	10	06	40	से	10	20	0	तक	शतभिषा
25.	10	20	0	से	11	3	20	तक	उत्तराभाद्र
26.	11	3	20	से	11	16	40	तक	उत्तराभाद्र
27.	11	16	40	से	12	0	0	तक	रेवती

चन्द्रमा जिस राशि अंश, कला, विकला, में होता है उस भाग का स्वामी जो नक्षत्र माना गया है 'वह नक्षत्र है' ऐसा व्यावहारिक भाषा में कहा जाता है।

12 राशियाँ 27 नक्षत्रों के अन्तर्गत हैं। अतः एक राशि 2¼ नक्षत्र तक होती है।

नक्षत्र तथा हिन्दी वर्ण माला

लौकिक भाषा में कहते हैं, "आपका जन्म-नक्षत्र क्या है?" इसका अर्थ है "जब आपका जन्म हुआ था तब चन्द्रमा किस नक्षत्र वाले आकाशीय विभाग में था।" इसी प्रकार जब किसी से पूछा जाता है, "आपकी राशि क्या है?" तब इसका वास्तविक अर्थ होता है, "जब आपका जन्म हुआ तब चन्द्रमा किस राशि में था।"

जन्म के समय चन्द्रमा जिस नक्षत्र में हो उसके अनुसार अक्षर चुनकर जन्म-नाम रखने की प्रथा है। प्रसिद्ध नाम अपनी रुचि के अनुसार माता-पिता कुछ भी रख सकते हैं।

प्रत्येक नक्षत्र का भाग 13 अंश 20 कला है। इसको 4 से भाग देने पर प्रत्येक का भाग हुआ 3 अंश 20 कला का। इस प्रत्येक भाग को 'पाद' (पैर) या 'चरण' कहते हैं। नक्षत्र के जिस चरण में जन्म हो उसके अनुसार नाम का प्रथम अक्षर निम्नलिखित प्रकार से चुना जाता है।

नामाक्षर–अश्विनी (चू, चे, चो ला); भरणी (ली, लू, ले, लो); कृतिका (अ, इ उ, ए); रोहिणी (ओ, वा, वी, वू); मृगशिरा (वे, वो, का, की); आर्द्रा (कू, घ, ङ, छ); पुनर्वसु (के, को, हा, ही); पुष्य (हू, हे, हो, डा); आश्लेषा (डी, डू, डे, डो); मघा (मा, मी, मू, मे); पूर्वा फाल्गुनी (मो, टा, टी, टू); उत्तरा फाल्गुनी (टे, टो, पा, पी); हस्त (पू, ष, ण, ढ) चित्रा (पे पो रा री), स्वाति (रू रे रो ता) विशाखा (ती, तू, ते, तो); अनुराधा (ना, नी, नू, ने); जेष्ठा (नो, या, यी, यू); मूल (ये, यो, भा, भी); पूर्वाषाढ़ (भू, धा, फा, ढा); उत्तराषाढ़ (भे, भो, जा, जी); श्रवण (खी, खू, खे, खो); धनिष्ठा (गा, गी, गू, गे); शतभिषा (गो, सा, सी, सू); पूर्वभाद्र (से, सो, दा, दी,); उत्तराभाद्र (दू, थ, झ, ञ); रेवती (दे, दो, च, ची)।

मानव-शरीर पर नक्षत्र स्थिति

मूल पुरुष की भाँति ज्योतिष में साधारण मानव-शरीर के विभिन्न अंगों में विभिन्न 27 नक्षत्रों की स्थिति कही गई है, जो निम्न प्रकार से हैं

(1) कृतिका-सिर में, (2) रोहिणी-भाल में, (3) मृगशिरा-भौंहों में, (4) आर्द्रा-आँखों में, (5) पुनर्वसु-नाक में, (6) पुष्य-चेहरे में, (7) आश्लेषा-कानों में, (8) मघा-होंठों में, (9) पूर्वाफाल्गुनी-दाहिने हाथ में, (10) उत्तराफाल्गुनी-बाएँ हाथ में, (11) हस्त-अँगुलियों में, (12) चित्रा-ग्रीवा में, (13) स्वाति-सीने में, (14) विशाखा-छाती में, (15) अनुराधा-उदर में, (16) ज्येष्ठा-आमाशय में, (17) मूल-कोख में, (18) पूर्वाषाढा-पीठ में, (19) उत्तराषाढ़ा-रीढ़ में, (20) श्रवण-कमर में, (21) धनिष्ठा-गुदा में, (22) शतभिषा-दाहिनी जंघा में, (23) पूर्वाभाद्रपद-बाईं जंघा में, (24) उत्तराभाद्रपद-पिंडली में, (25) रेवती-टखने में, (26) अश्विनी-पैरों के ऊपरी भाग में और (27) भरणी-पैरों के तलवे में स्थित है।

फल–जातक के पापग्रह जब उपर्युक्त नक्षत्रों पर आते हैं तब नक्षत्र से सम्बन्धित शरीरांग को पीड़ा पहुँचाते हैं। इसी प्रकार शुभ अथवा सौम्य ग्रह आने पर उस अंग की पुष्टि करते हैं। नीचे नक्षत्रों के गुण-भेद दिए जा रहे हैं।

गुण-भेद–27 नक्षत्र मूलतः सात्त्विक, राजस और तामस तीन भेदों में विभक्त किए जा सकते हैं, जिससे जातक के शुभाशुभ का विचार किया जाता है।

सात्त्विक नक्षत्र–पुनर्वसु, विशाखा, पूर्वाभाद्रपद, अश्लेषा, ज्येष्ठा और रेवती।

राजस नक्षत्र–कृत्तिका, उत्तराफाल्गुनी, उत्तराषाढ़ा, रोहिणी, हस्त, श्रवण, भरणी, पूर्वाफाल्गुनी और पूर्वाषाढ़ा।

तामस नक्षत्र–अश्विनी, मघा, मूल, आर्द्रा, स्वाति, शतभिषा, मृगशिरा, चित्रा, धनिष्ठा, पुष्य, अनुराधा और उत्तराभाद्रपद।

लिंगभेद की दृष्टि से भी नक्षत्रों को पुल्लिंग, स्त्रीलिंग और नपुंसकलिंग में विभक्त किया जा सकता है।

पुल्लिंग नक्षत्र–अश्विनी, पुनर्वसु, पुष्य, हस्त, अनुराधा, श्रवण, पूर्वाभाद्रपद, और उत्तराभाद्रपद।

स्त्रीलिंग नक्षत्र–भरणी, कृतिका, रोहिणी, आर्द्रा, आश्लेषा, मघा, पूर्वाफाल्गुनी, उत्तराफाल्गुनी, चित्रा, स्वाति, विशाखा, ज्येष्ठा, पूर्वाषाढ़ा, उत्तराषाढ़ा, धनिष्ठा और रेवती।

नपुंसकलिंग नक्षत्र–मृगशिरा, मूल और शतभिषा।

नक्षत्रों के स्वामी

नक्षत्रों के अनुसार उसके 9 ग्रह-स्वामी भी होते हैं। जो बालक जिस नक्षत्र में जन्म लेता है, जन्म के समय उस नक्षत्र के स्वामी की ही दशा चलती है। नक्षत्र स्वामी की जानकारी नीचे दी जा रही है।

1. अश्विनी–केतु,	2. भरणी–शुक्र,	3. कृतिका–सूर्य
4. रोहिणी–चन्द्र	5. मृगशिरा–भौम	6. आद्रा–राहु
7. पुनर्वसु–गुरु	8. पुष्य–शनि	9. आश्लेषा–बुध
10. मघा–केतु	11. पूर्वाफाल्गुनी–शुक्र	12. उत्तराफाल्गुनी–सूर्य
13. हस्त–चन्द्र	14. चित्रा–भौम	15. स्वाति–राहु
16. विशाखा–गुरु	17. अनुराधा–शनि	18. ज्येष्ठा–बुध
19. मूल–केतु	20. पूर्वाषाढ़ा–सूर्य	21. उत्तराषाढ़ा–सूर्य
22. श्रवण–चन्द्र	23. धनिष्ठा–भौम	24. शतभिषा–राहु
25. पूर्वाभाद्रपद–शनि	26. उत्तराभाद्रपद–शनि	27. रेवती–बुध

नक्षत्रानुसार जातक फल

जातक पर नक्षत्रों का बहुत प्रभाव पड़ता है। अतः नीचे नक्षत्रानुसार उत्पन्न हुए जातक का विशेष फल लिखा जाता है।

1. अश्विनी–विचारशील, अध्ययन-अध्यापन करनेवाला, ज्योतिष, वैद्यक आदि शास्त्रों में रुचि रखनेवाला, लेखक, ईमानदार, चंचल-प्रकृति, मस्से का रोगी और गृह-कलह कर्त्ता।

2. भरणी–बलवान, शत्रुओं पर अचानक आक्रमण करनेवाला, चालाक, धार्मिक

कार्यों में रुचि रखनेवाला, चित्रकार, धोखेबाज, निम्न स्तर के कार्य करनेवाला तथा उन्नति का आकांक्षी।

3. कृत्तिका—विद्याभिलाषी, पशु प्रेमी, अस्वस्थ, भोगप्रिय, साधक, साधु-सन्तों में आस्था रखनेवाला, कलहप्रिय, निर्धन से धनवान होनेवाला, लड़ाई-झगड़ों में रुचि रखनेवाला, वकील, और कट्टर धार्मिक।

4. रोहिणी—स्वच्छताप्रिय, असत्यवादी, संगीत में रुचि रखनेवाला, सामाजिक कार्यकर्त्ता, प्रसन्नचित्त, भूत-प्रेतों में विश्वास रखनेवाला, प्रतिष्ठा का इच्छुक, ईमानदार व सत्यभाषियों का हितसम्पादन करनेवाला।

5. मृगशिरा—धनवान, अनैतिक कार्यों से धन इकट्ठा करनेवाला, अविश्वासी, उन्नतिगामी, सट्टा-जुआ आदि में रुचि रखनेवाला, व्यापारी, अधिकारी, कार्यों में निपुण, विचारशील, प्रतिभाशाली धार्मिक और यदाकदा उत्सवों में झूठा आडम्बर तथा शान-शौकत दिखानेवाला।

6. आर्द्रा—मधुरभाषी, सबसे प्रेमपूर्ण व्यवहार करनेवाला, स्वच्छ पर दुर्बल हृदयी, गतकार्यों पर चिन्ता करनेवाला, साधारण आर्थिक स्थितियुक्त, अपमानजनक कार्य करनेवाला, अदूरदर्शी, कुटुम्बियों से कलह करनेवाला, ओछा तथा घुमक्कड़।

7. पुनर्वसु—विचारपूर्वक कार्य करनेवाला, शिक्षक, मेधावी, दन्त-रोग-पीड़ित, ससुराल से धन प्राप्त करनेवाला, वृद्धावस्था में सुखी, स्वच्छ वस्त्रों का इच्छुक, क्रोधी, अभिमानी, उच्चाभिलाषी, उत्तम तथा महत्त्वपूर्ण पद प्राप्त करनेवाला, व्यभिचारी, आलसी तथा हाथ-पैरों की पीड़ा से ग्रस्त।

8. पुष्य—अस्वस्थ, कार्यों को चतुरतापूर्वक निबटानेवाला, शिव-भक्त, मशीनरी की वस्तुओं से लाभ पानेवाला, बात-बे-बात मित्रों से विरोध करनेवाला, व्यापारिक बुद्धिवाला, सम्बन्धियों से प्रेम करनेवाला, मानसिक चिन्ता से ग्रस्त, साधारण आर्थिक स्थितिवाला तथा मुँह पर स्पष्ट कहनेवाला।

9. आश्लेषा—धनवान, स्त्री-प्रेमी, काम-शक्ति में कमजोर, स्वार्थी, दूसरों का कार्य करने में तत्पर, खाने-पीने में रुचि रखनेवाला, अकस्मात् आहत करनेवाला, कभी-कभी चोरी करनेवाला, आलसी, छोटे व्यक्ति से मित्रता करनेवाला, स्त्री के कष्ट से पीड़ित, हँसमुख और सत्य वक्ता।

10. मघा—गुप्त कार्यों में रुचि रखनेवाला, क्रोधी, अकस्मात् हानि उठानेवाला, कर्णरोगी, तेज आवाज वाला, प्रबल कामी, दूसरों के धन पर अधिकार रखनेवाला, उन्नति में बार-बार बाधाओं का सामना करनेवाला, अप्रसन्नचित्त, चर्मरोग से पीड़ित, चिन्ताग्रस्त और अल्प वेतनभोगी।

11. पूर्वाफाल्गुनी—शस्त्र चलाने में निपुण, पशु-प्रेमी, व्यापारिक कार्यों मेंरुचि रखनेवाला, धार्मिक संस्थाओं में कार्य करनेवाला, क्रय-विक्रय में हानि उठानेवाला, उन्नति के कार्यों में असफल, मान-सम्मान की इच्छा रखनेवाला, इन्द्रिय-सम्बन्धी रोगों

से ग्रस्त, स्वधर्म में अश्रद्धायुक्त, सिर पर चोट कर निशान रखनेवाला, परेशान और हिम्मत वाला।

12. **उत्तराफाल्गुनी**--प्रियभाषी, कार्य-कुशल, अल्प द्रव्यवाला, थोड़े में निर्वाह करनेवाला, एकान्त प्रेमी, पशुओं में श्रद्धा रखनेवाला, मातृ-पितृ-सुख से वंचित तीक्ष्ण स्मरणशक्ति वाला, कलाकुशल और सम्बन्धियों से प्रेम-व्यवहार करनेवाला।

13. **हस्त**--मक्कार, कपटप्रिय, असत्यभाषी, अभिमानी, परिश्रमी, माता-पिता के कष्ट से पीड़ित, लापरवाह, गायन-प्रेमी, लम्बे डील-डौलवाला, परिश्रम से उन्नति करनेवाला, जलप्रेमी तथा पशु आदि पालकर निर्वाह करनेवाला।

14. **चित्रा**--कर्ण तथा नेत्र रोगी, अद्‌भुत कार्य करनेवाला, साधारण-सी बातों पर क्रोध करनेवाला, नायक के कार्य में निपुण, शारीरिक बल बढ़ाने में प्रयत्नशील, गरीब, विद्याभ्यास का इच्छुक, अनुभवी, शत्रुओं से सामना करनेवाला तथा ईमानदार।

15. **स्वाति**--वीर, नेता, स्वप्नों में जीवित रहनेवाला, भाग्यशाली, क्रोधावेश में स्वयं की तथा घर की हानि करनेवाला, स्वतन्त्र विचारवाला, उन्नति में बाधा का शिकार, अपनी बात पर हठपूर्वक अड़नेवाला, चतुराई से काम निकालनेवाला, पुष्ट शरीर, तीव्र विचार-शक्ति और शरीर में चोट पाने वाला।

16. **बिशाखा**--विदेश भ्रमणकारी, चित्रकार, सच्चाई का इच्छुक, लड़ाई करने में कुशल, विचारहीन, चतुर, व्यापारिक कार्यों में रुचि रखनेवाला, दूसरों को अच्छी सलाह देनेवाला, भाषण देने में चतुर, उन्नतिशील तथा ज्योतिषादि में विश्वास रखनेवाला।

17. **अनुराधा**--उच्च विचारवाला, ईमानदारी से कार्य करनेवाला, स्वधर्म-प्रेमी, नए विचारों का स्वागत करनेवाला, दर्शन, वेद ओर ज्योतिष में तीव्र रुचि रखनेवाला, सम्मान पानेवाला, पितृ-सुख से वंचित, काम निकालने में चतुर, कला-निपुण, पढ़ने में परिश्रमी, बचपन में दुःख उठाने वाला, उच्च कार्यकर्त्ता और संगीतशास्त्र में रुचि रखनेवाला।

18. **ज्येष्टा**--अच्छा लेखक, अभिमानी, विलासी, भाइयों से हानि उठानेवाला, बोलने में तेज, अस्वस्थ, आलसी स्वभाव, पशु-पालक, मित्रों पर अन्ध श्रद्धा रखनेवाला, उन्नति के कार्य में विघ्न-बाधा पानेवाला, स्वकुल-विरोधी तथा उन्नतिशील।

19. **मूल**--अपनी इच्छानुसार कार्य करनेवाला, पुरानी पीढ़ी से विद्रोह करनेवाला, पिता को कष्टकारी, उदर-रोगी, दूसरों की बात न माननेवाला, घुमक्कड़ जीवन बितानेवाला, जादू-टोने-टोटके और तान्त्रिक विद्या में निपुण, औषधियों के क्रय-विक्रय से लाभ उठानेवाला, वस्त्रालंकार-प्रेमी, शत्रुओं पर विजय प्राप्त करनेवाला, पढ़ने की तीव्र इच्छा रखनेवाला, स्वच्छता-प्रेमी, बुढ़ापे में तकलीफ उठानेवाला एवम् पढ़ाई से उन्नति करनेवाला।

20. **पूर्वाषाढ़ा**--दूसरों से सम्मान प्राप्त करनेवाला, बचपन में दुःखी परन्तु

मध्यावस्था में सुख-शान्तिभोगी, प्रबलकामी, अनेक स्त्रियों से संसर्ग रखनेवाला, एकान्तप्रिय, दुर्बल शरीर, गायन-कला में निपुण, स्त्रियों से धन प्राप्त करनेवाला, अल्पायु में पिता-कष्ट से पीड़ित, मानसिक रोगी, अनेक चिन्ताओं से ग्रस्त, कार्यकुशल तथा शीघ्र सफलता प्राप्त करनेवाला।

21. **उत्तराषाढ़ा**—चित्रकला में निपुण, स्वच्छ वस्त्रों का शौकीन, मान-प्रतिष्ठा प्राप्त करनेवाला, भाषण-कला में निपुण, पुष्ट शरीर, श्रेष्ठ बुद्धि, अल्पायु, अभिमानी, असत्यभषी, रुक-रुककर बात करनेवाला, व्यापारादि कार्यों से लाभ उठानेवाला, गृहकार्यों में निपुण, तीव्र बुद्धि वाला, प्रबल इच्छाशक्ति और भविष्य के लिए सुख-सुविधा जुटानेवाला।

22. **श्रवण**—चंचल स्वभाव वाला, मातृ-पितृ भक्त, अभिमानी, जल-सम्बन्धी कार्यों में रुचि रखनेवाला, सोच-विचारकर कार्य करनेवाला, मित्र-विरोधी, खाने-पीने की वस्तुओं में शौक रखनेवाला, अस्वस्थ, व्यापार एवं क्रय-विक्रय से लाभ उठानेवाला, भूमि-कार्यों में निपुण, धनवान एवं धार्मिक कार्यों में उत्साह रखनेवाला।

23. **धनिष्ठा**—अदूरदर्शी, उन्नति के कार्य में बाधा पानेवाला, युद्ध-कार्यों से प्रेम करनेवाला, धार्मिक, गरीब, श्रम से ऊँचा उठनेवाला, स्त्री-प्रेमी, ईमानदार, स्वच्छ वस्त्रधारी, क्रोधी, अभिमानी, उन्नति की आकांक्षा रखनेवाला, लोहे के कार्य से लाभ उठानेवाला तथा मारपीट में नुकसान उठानेवाला।

24.—सेवाभावी, स्वच्छ-पवित्र कार्य करनेवाला, धार्मिक, चंचल स्वभाव, बिना सोच-विचार के कार्य करनेवाला, यदा-कदा किए गए कार्य से हानि उठानेवाला, मशीनरी के कार्यो में रुचि रखनेवाला, उच्च विचार एवं सात्त्विक जीवन बितानेवाला, बुद्धिमान, सदाचारी, साधु-सन्तों का प्रेमी तथा कट्टर धार्मिक।

25. **पूर्वाभाद्रपद**—ईश्वरभक्त, स्त्रियों से संकोच करनेवाला, आराम पसन्द, पुजारी, पादरी, कार्य में अनायास सफलता प्राप्त करनेवाला, वृद्धावस्था में अकस्मात् द्रव्य प्राप्त करनेवाला, यात्रा-प्रिय, कवि, चतुरतापूर्ण कार्य करनेवाला, स्वस्थ, बच्चों का प्रेमी और शिक्षण कार्यों में रुचि रखनेवाला।

26. **उत्तरभाद्रपद**—प्रसन्नचित्त, उन्नतिशील, स्त्रियों से विशेष सम्मान पानेवाला, उदारचित्त, मुक्तहस्त, भावुक, सोच-विचार से काम करनेवाला, अकस्मात् हानि का शिकार, शत्रुओं से दुःखी, आलसी, विद्या प्रेमी, उच्च, सत्कुलीन, राजकर्मचारियों का मित्र।

27. **रेवती**—विद्या-प्रेमी, सरल स्वभाव, विनम्र, तीर्थ-यात्री, बुद्धि से काम करनेवाला, प्रसन्नचित्त, गरीब, एकान्तप्रिय, ईश्वरभक्त, उन्नति के कार्यों में रुकावट पानेवाला, आध्यात्मिक शक्ति सम्पन्न, सोच-विचार न करनेवाला और मित्रों से लाभ उठानेवाला।

आठवाँ अध्याय

भाव-राशि-ग्रह फलादेश
कुंडली के बारह भावों यानी घरों का परिचय एवं विवरण
किस भाव से क्या देखना है
भावों के कारक ग्रह : कौन ग्रह किस भाव यानी घर का संकेत देता है
भावों के शास्त्रीय नाम
भावों पर ग्रहों की दृष्टि
बारह घरों (भावों) में नौ ग्रहों--सूर्य चन्द्र आदि का फल
बारह राशियों के नौ ग्रहों का फल

कुंडली के बारह भावों का परिचय

विचारणीय विचार

प्रथम भाव से, जन्म के समय समाचार, वर्ण (Caste) रंग, रूप, कद, जन्म-स्थान, शरीर, शरीर का विशेष अंग, धन, यश, मान, आयु, सिर, निज (Self) आदि का विचार करना चाहिए।

द्वितीय भाव से, मुख, धन, कुटुम्ब, मृत्यु, शाहजादा, माँ, बड़ा भाई शासन आदि का विचार करना चाहिए।

तृतीय भाव से, साँस की नली, छोटा भाई, साहस, रक्षा विभाग, निज (Self)] छोटी यात्रा, बाहु आदि का विचार करना चाहिए।

चतुर्थ भाव से, माता, मन, जायजाद, वाहन, भूमि, सुख-दुःख, उन्नति, फेफड़े, छाती, रक्त, जनता आदि का विचार करना चाहिए।

पंचम भाव से, पुत्र, विद्या, मन्त्रणा-शक्ति, प्रिया, खेल-विनोद के स्थान, स्त्री का बड़ा भाई, पेट बड़े भाई की स्त्री, बड़ी बहिन का पति, लाटरी, भाग्य इत्यादि का विचार करना चाहिए।

षष्ठ भाव से, शत्रु, ऋण, रोग, थकावट, चोट, चोरी, व्यसन, म्लेच्छ, माँ का छोटा भाई, अन्तड़ियाँ, आदि का विचार करना चाहिए।

सप्तम भाव से, स्त्री गुप्तेन्द्रिय, वीर्य, नपुसंकता, व्यापार, व्यसन, मार्ग आदि

का विचार करना चाहिए।

अष्टम भाव से, मृत्यु, अपमान, जान-जोखो के काम, विदेश, समुद्र, अण्डकोष, नाश, आयु, माता की बड़ी बहिन का पति, माता के बड़े भाई की पत्नी, आदि का विचार करना चाहिए।

नवम भाव से, भाग्य, दैवी सहायता, पिता, धर्म, ऊँची विद्या, स्त्री का छोटा भाई, नितम्ब, छोटे भाई की स्त्री, छोटी बहिन का पति, पैतृक सम्पत्ति आदि का विचार करना चाहिए।

दशम भाव से, राज्य, कर्म, शुभ अथवा अशुभ गवर्नमेंट, ऊँचाई, आसमान, पदवी, यश, घुटने आदि का विचार करना चाहिए।

एकादश भाव से, बड़ा भाई, पुत्रवधू, पुत्री का पति, लाभ, आय, चोट, बीमारी, टाँग आदि का विचार करना चाहिए।

द्वादश भाव से, पाँव, व्यय, पृथकता भोग-विलास, माँ की छोटी बहिन का पति, माँ के छोटे भाई की स्त्री, रक्षा विभाग, धर्म, मन्दिर, मोक्ष इत्यादि का विचार करना चाहिए।

भावों के कारक ग्रह

प्रथम भाव–सूर्य	द्वितीय–भाव–बृहस्पति	तृतीय भाव–मंगल
चतुर्थ भाव–चन्द्र, बुध	पंचम भाव–बृहस्पति	षष्ठ भाव–शनि, मंगल
सप्तम भाव–शुक्र	अष्टम भाव–शनि	नवम भाव–सूर्य-गुरु
दशम भाव–सू०बु०बृ०श०	एकादश भाव–बृहस्पति	द्वादश भाव–शनि

भावों के शास्त्रीय नाम

केन्द्र–पहला, चौथा, सातवाँ, दसवाँ भाव
त्रिकोण–पाँचवाँ, नवाँ भाव
पणफर–आठवाँ, ग्यारहवाँ, दूसरा, पाँचवाँ भाव
त्रिक्–छठा, सातवाँ, आठवाँ भाव
आपोक्लिम–तीसरा, छठा, नवाँ, बाहरवाँ भाव
उपचम–तीसरा, छठा, दसवाँ, ग्यारहवाँ भाव
(केन्द्र के नाम कंटक तथा चातुष्टय भी है।)

भावों पर ग्रहों की दृष्टि

सभी ग्रह सातवें भाव पर पूर्ण दृष्टि रखते हैं।

विशेष दृष्टि

मंगल–चौथे तथा आठवें भाव पर।

बृहस्पति–पाँचवें तथा नवें भाव पर।

शनि–तीसरे तथा दसवें भाव पर।

राहु–पाँचवें तथा नवें भाव पर।

ग्रहों की गति

सूर्य और चन्द्रमा–सहज गति (शीघ्रगामी)

राहु और केतु–वक्र गति

शेष ग्रह–मंगल, बुध, बृहस्पति, शुक्र, तथा शनि-सूर्य से दूरी के अनुसार सहज, अतिचारी तथा वक्र गति रखते हैं।

जन्म के समय द्वादश भावों में ग्रहों का फल

सूर्य

जिस पुरुष के लग्न में रवि होता है, उस व्यक्ति की नासिका, शरीर और ललाट ऊँचा होता है, लेकिन स्त्री, पुत्र तथा कुटुम्बियों से उसका मन व्यथित रहता है। वायु-पित्तादि से उसका शरीर कृश तथा क्षीण रहता है। यह पर्यटन प्रिय होता है तथा देश-विदेश में घूमने के योग बनते ही रहते हैं। उसका धन-सदैव एक-सा नहीं रहता बल्कि उस में ह्रास-वृद्धि होती रहती है। वह जातक क्रोधी, स्वाभिमानी, शूरवीर और चंचल होता है।

जिसके दूसरे भाव में सूर्य होता है, वह अत्यन्त भाग्यशाली होता है। गौ, घोड़े आदि चतुष्पदों का उपभोग करता हुआ वह पूर्ण सुख प्राप्त करता है। उसका धन उत्तम कार्यों में व्यय होता है, परन्तु स्त्री के कारण सम्बन्धियों से उसकी कलह होती रहती है। लाभ के जितने भी उपाय वह सोचता है, निष्फल हो जाते हैं। ऐसा यक्ति अधिकतर मुख, नेत्र व कर्ण का रोगी रहता है। तथा राज्यभीरुता से कार्य करने में हिचकिचाता है।

तीसरे स्थान में पड़ा हुआ सूर्य अत्यन्त प्रतापी और पराक्रमी होता है। ऐसा जातक अपने भाइयों से पीड़ित रहेगा तथा यदा-कदा तीर्थ-यात्रा करता रहेगा। युद्ध वाद-विवाद और मुकदमे आदि में वह विजयी रहता है तथा राज्य द्वारा उसे सुख प्राप्त होता रहता है। ऐसा जातक अधिकतर कवि, लब्धप्रतिष्ठ विद्वान और विचारवान होता है।

जिसकी कुंडली में लग्न से चौथे घर में सूर्य होता है वह अधिकतर विदेशवासी होता है, युद्ध, वाद-विवाद एवं मुकद्दमे में वह शत्रु से पराजित होता है तथा उसका अन्तःकरण सदा व्यथित रहता है। ऐसा जातक सुन्दर, पितृधन-नाशक, गुप्त

विद्याप्रिय तथा वाहन सुखहीन होता है।

पाँचवें घर में पड़ा सूर्य जातक को क्रोधी एवं वंचक बना देता है। ऐसे जातक को अपने ज्येष्ठ पुत्र के निधन का दुःख सालता रहता है। उसकी बुद्धि कुशाग्र होती है तथा शनैः-शनैः धन इकट्ठा करता रहता है। इसकी मृत्यु उदर व्याधि से होती है।

जिसके लग्न से छठे स्थान में सूर्य हो, वह शत्रुओं का विनाश करनेवाला होता है। राजा, राज्यवर्ग और मित्रों पर अत्यधिक व्यय करता रहता है। माता के कुल द्वारा इससे तकलीफ मिलती है तथा चौपाये द्वारा घायल होता है। ऐसा जातक निरोगी, शत्रुनाशक, वीर्यवान और न्यायप्रिय होता है।

जिसके सातवें स्थान में सूर्य पड़ा हो, उसे स्त्री का सदैव कष्ट रहता है। उसका शरीर पीड़ित तथा मन चिन्तित रहता है, व्यापार करने पर इसे हानि उठानी पड़ती है। ऐसा व्यक्ति कठोर, आत्मरत एवं राज्यवर्ग से पीड़ित रहता है।

जिसके आठवें स्थान में सूर्य होता है, वह कार्यतत्पर, चिन्तामुक्त, क्रोधी, धनी तथा धैर्यहीन होता है। विदेशी नारियों के प्रति वह सदैव लालायित रहता है तथा नशा आदि का विशेष सेवन करते रहने से उसका स्वास्थ्य खराब ही बना रहता है। उसका धन चोरी चला जाता है, अथवा गफलत या आलस्य से नष्ट हो जाता है। गुप्तेन्द्रिय की व्याधि से यह जातक विशेष पीड़ित रहता है।

नवें स्थान का सूर्य जातक को दुष्ट स्वभाव का बना देता है। सगे भाई से पीड़ित वह सदैव चिन्तित रहता है। ऐसा जातक योगी, तपस्वी, नेता, ज्योतिषी, तथा साधक होता है। वह भृत्यादि सुखों से पूरित वाहनादि का पूर्ण उपयोग करता है।

जिसके दसवें स्थान में सूर्य हो उसका श्रम राजा के द्वारा फलदायक होता है। यह माता को पीड़ा देनेवाला तथा स्वजनों से बिछुड़ा रहता है। ऐसा व्यक्ति व्यवहार कुशल, राज्य मान्यताप्राप्त, राज्यमन्त्री, उदार एवं ऐश्वर्य-सम्पन्न होता है।

ग्यारहवें स्थान का सूर्य जातक को राजा द्वारा धन दिलाता है तथा उसे अनायास ही सम्पत्ति प्राप्त होती है। शत्रु इससे घबराते हैं, सन्तान इसे पीड़ा पहुँचाती रहती है। ऐसा जातक धनी, बलवान, सुखी, स्वाभिमानी, सदाचारी एवं उदर रोगी होता है।

यदि द्वादश स्थान में सूर्य हो तो व्यक्ति नेत्र रोग से पीड़ित रहता है। युद्ध तथा वाद-विवाद में इसकी जीत रहती है, शरीर में विभिन्न पीड़ाएँ इसे तकलीफ देती हैं। ऐसा व्यक्ति अधिकतर उदासीन, मस्तक रोगी, आलसी और मित्र-द्वेषी होता है।

चन्द्रमा

यदि किसी की कुंडली में जन्म-लग्न (मेष, वृष तथा कर्क राशि हो तो) में चन्द्रमा हो तो वह मनुष्य धनवान, कान्तिमान तथा पूर्ण आनन्द का भागी होता है। अन्यथा लग्न में (मिथुन, सिंह, कन्या, तुला, धनु मकर, कुम्भ मीन हो तो) वह मनुष्य धनहीन, दुर्बल दरिद्र, मूर्ख तथा बहरा-सा होता है। ऐसा जातक स्थूल शरीर एवं गानविद्या

का विशेष प्रेमी होता है।

यदि दूसरे भाव में चन्द्रमा हो तो उस पुरुष को धन का विशेष लाभ होता है। शरीर से अत्यन्त सुखी रहता है वह स्त्रियों से विलास करने में निपुण होता है। अपने कुटुम्बियों पर प्रेम रखता है। ऐसा जातक अत्यन्त सुन्दर, भोगी, परदेशप्रिय, सहनशील एवं भाग्यवान होता है।

जिसके तीसरे स्थान में चन्द्र हो उसे पराक्रम से धनप्राप्ति होती है। अनेक स्त्रियों से सहवास करने हुए भी वह संयमशील और समाज में सच्चरित्र माना जाता है। ऐसा व्यक्ति धार्मिक, यशस्वी, प्रसन्नचित्त, आस्तिक एवं मधुरभाषी होता है। उसे सहोदर भ्राताओं से सुख मिलता है।

यदि लग्न में चौथे स्थान पर चन्द्रमा हो तो वह उच्च पद का अभिलाषी होता है, उसे पुत्रों तथा स्त्री का विशेष सुख मिलता है। ऐसा व्यक्ति दानी, सुखी, उदार, रोग-रहित, विवाह के पश्चात् भाग्योदयी एवं बुद्धिमान होता है।

यदि चन्द्रमा लग्न से पाँचवें स्थान पर हो तो वह मनुष्य उत्तम सन्तान का सुख प्राप्त करता है। श्रेष्ठ रत्नादि धारण करने का विशेष शौक होता है। भूमि-सुख ऐसे व्यक्ति को अनायास ही प्राप्त होता है। यह व्यक्ति ब्याज लेने-देने का कार्य करता है। ऐसा जातक निर्मल बुद्धि का, चंचल, कन्या-सन्तति-प्रधान, सदाचारी, सद्गुणी एवं क्षमाशील होता है।

जिसके छठे स्थान में चन्द्रमा होता है, वह राजा का विरोध करता हुआ भी समाज में पूजनीय होता है। दुश्मन इससे थर्राते हैं, परन्तु ऐसा व्यक्ति मातृभक्त नहीं होता। ऐसा जातक अल्पायु, कफ-प्रकृति-प्रधान खर्चीले स्वभाव वाला एवं नेत्र रोगी होता है।

सातवें स्थान का चन्द्रमा स्त्री का पूर्ण सुख देता है। उसे स्थानीय व्यापार से विशेष लाभ होता है। कृष्ण पक्ष में उसकी स्त्रियों पर आसक्ति बढ़ जाती है। मधुर भोजन का वह शौकीन होता है। तथा उसकी प्रवृत्ति लोभमय होती है। शत्रुओं से वह सदैव पराजित होता है। ऐसा जातक सभ्य, नेता, विचारक, जलयात्रा करनेवाला, व्यापारी, वकील एवं स्फूर्तिवान होता है।

जिसकी कुंडली में आठवें स्थान पर चन्द्रमा पड़ा हो, वह सर्वदा रोगी रहता है, भयंकर व्याधियों एवं शारीरिक कष्ट उसे घेरे ही रहते हैं। प्रमेह एवं कफ विकार उसे बहुत परेशान करते हैं। व्यापार से लाभ रहता है। ऐसा व्यक्ति वाचाल, स्वाभिमानी एवं ईर्ष्यालु स्वभाव का होता है।

जिस जातक के नवें स्थान में चन्द्रमा हो, वह समाज में आदर का जीवन व्यतीत करता है। युवावस्था में उसका भाग्योदय होता है तथा शरीर से निरोग रहता है। ऐसा जातक सम्पत्ति-सुख एवं संतति-सुख वाला, दानी, धर्मात्मा, कार्यशील, न्यायी, चंचल, विद्वान, विद्या-व्यसनी, साहसी एवं अल्प भ्रातृवान होता है।

यदि चन्द्रमा लग्न से दसवें स्थान पर पड़ा हो, तो वह व्यक्ति धार्मिक स्वभाव का होता है। उसे अपने बन्धु-बान्धवों से सुख मिलता है तथा उसे विशेष सम्मान प्राप्त होता है। पहली सन्तान से उसे विशेष सम्मान प्राप्त होता है। पहली सन्तान से उसे विशेष सुख नहीं मिलता। ऐसा जातक कार्य निपुण, दयालु, व्यापारी, यशस्वी, कुल दीपक एवं लोक-हितैषी होता है।

ग्यारहवें स्थान का चन्द्रमा जातक को राजा की ओर से प्रतिष्ठा, अधिकार एवं सम्मान दिलाता है। उसके घर में लक्ष्मी का चिरवास रहता है। वह जो भी सोचता है, वह प्रायः पूर्ण नहीं होता। कन्या सन्तति-प्रधान वह जातक गुणी, सुखी, लोकप्रिय, दीर्घायु, परदेशप्रिय एवं राज्य-कार्य में दक्ष होता है।

जिसके बारहवें स्थान में चन्द्रमा रहता है, उसे सदैव शत्रु का भय बना रहता है। नेत्रादि विकार इसे विशेष होते हैं। इसका धन सदैव मांगलिक कार्यों में व्यय होता है। माता के द्वारा इसे कष्ट मिलता है। स्त्रियों ये यह स्थानी मैत्री नहीं कर सकता तथा इसके मनोरथ भी सफल नहीं होते। ऐसा जातक चंचल, क्रोधी, मृदुभाषी और खर्चीले स्वभाव का होता है।

मंगल

जिसके जन्म-लग्न में मंगल हो उसे लोहा तथा अग्नि से भय रहता है, उसका मन सदैव चिन्तित रहता है। स्त्री और पुत्रों द्वारा वह सदैव कष्ट पाता है, उसके कार्य कभी भी पूरे नहीं होते। ऐसा व्यक्ति क्रूर, साहसी, विचाररहित, गुप्त रोगी एवं महत्त्वाकांक्षी होता है।

जिसके दूसरे स्थान पर मंगल पड़ा हो, वह धनहीन होता है, कुटुम्ब से क्लेश पाता रहता है एवं युद्ध, मुकदमे आदि में सदैव पराजित रहता है। ऐसा व्यक्ति कटुभाषी, निर्बुद्धि, पशुपालक एवं नेत्र-कर्ण रोगी होता है।

तीसरे स्थान का मंगल अनिष्टकारी होता है। जातक सदैव बीमार और चिड़चिड़ा-सा रहता है। धन के व्यय करने के सौ रास्ते होते हैं, पर आय सीमित ही रहती है। यह विपत्तियों पर विपत्तियों को सहन करता हुआ जीवन बिताता है। ऐसा जातक शूरवीर, साहसगुण-प्रधान, बन्धु हीन, भ्रातृ-कष्टकारक एवं कटुभाषी होता है।

यदि चौथे स्थान में मंगल हो तो वाहन-सुख विशेष रहता है। माँ का सुख इसे अल्प अथवा नहीं के बराबर ही होता है। राज्य में यह विशेष तरक्की करताहै, नौकरी ऐसे व्यक्ति के लिए लाभदायक होती है। ऐसा व्यक्ति प्रवासी, सन्ततिवान, अल्पमृत्यु अथवा मृत्यु को प्राप्त होनेवाला, बन्धु-विरोधी और कृषि कार्यों में निपुण होता है।

जिसके पाँचवें स्थान में मंगल पड़ा होता है, उसकी जठराग्नि बहुत तेज होती है। पाप-कार्य करने में भी ऐसा व्यक्ति निपुण होत है। क्रोध इसे बहुत आता हैं

और क्रोध में यह सब कुछ कर डालने को उतारू हो जाता हैं ऐसा मंगल इस व्यक्ति की दो या तीन सन्तानों को गर्भ में ही जला डालता है। ऐसा व्यक्ति कपटी, रोगी, कृश शरीर-प्रधान, चंचल एवं सन्तति-क्लेशयुक्त होता है।

जिसके छठे स्थान में मंगल हो, वह शत्रुओं को सदा नीचा दिखाता है। इसे मामा का सुख नहीं मिलता। ऐसे जातक को धन भी बहुत अधिक मिलता है, पर वह खर्च भी अनाप-शनाप करता है, जिससे उसे सदैव धन की कमी बनी ही रहती है। ऐसा व्यक्ति प्रबल जठराग्नि वाला, धैर्यवान, कुलवन्त, ऋषि, पुलिस-अफसर, दाह का रोगी, क्रोधी, रक्तविकारी एवं शत्रुहन्ता होता है।

सातवें स्थान का मंगल व्यक्ति को एक जगह टिकने नहीं देता। शत्रुओं से वह सदैव पीड़ित रहता है तथा उसकी जवानी में ही स्त्री की मृत्यु सम्भव हो सकती है। ऐस व्यक्ति वातरोगी, राजभीरु, कटुभाषी, धूर्त, मूर्ख, निर्धन एवं ईर्ष्यालु होता है।

जिसकी जन्मकुंछली में आठवें स्थान पर मंगल पड़ा होता है, उसका शुभ ग्रह भी बुरे व्यवहार के कारण शत्रु बना लेता है। इसके प्रतयेक कार्य में विघ्न-बाधाएँ उपस्थित होती ही रहती हैं। ऐसा व्यक्ति मद्यप, व्यसनी, कटु भाषी, नेत्र रोगी, संकोची एवं धन-चिन्तायुक्त होता है।

नवम स्थान पर मंगल मनुष्य को धनी और समाज में श्रेष्ठ होने का अवसर प्रदान करता है। उसकी बुद्धि तीक्ष्ण तथा पाप-प्रधान होती है। वह जितना परिश्रम करता है, उतना फल उसे प्राप्त नहीं होता। ऐसा व्यक्ति व्यर्थ का द्वेष रखनेवाला, अभिमानी, क्रोधी, अधिकारी, नेता, यशस्वी एवं भ्रातृ-विरोधी होता है।

दसवाँ मंगल जातक को समाज में श्रेष्ठ एवं कुल-दीपक बना देता है। लोग उसका आदर करते हैं, वह अपनी प्रतिभा से सबको चमत्कृत कर देता है। ऐसा व्यक्ति धनवान, गुणी, श्रेष्ठ, कवि, सुखी, यशस्वी, उत्तम वाहनादि से सुख भोगनेवाला तथा सन्तति कष्ट वाला होता है।

जिसकी कुंडली में लग्न से ग्यारहवें भाव में मंगल हो वह शत्रुओं का नाश करनेवाला होता है। वह अभागा होते हुए भी अपने आपको भाग्यवान समझता है, गाय, घोड़े, रथादि से व्यापार में इसे विशेष लाभ होता है। ऐसा जातक न्यायप्रिय, साहसी, झगड़ालू, क्रोधी, दम्भी और धैर्यवान होता है।

जिस जातक के बारहवें स्थान में मंगल हो, उसका धर्म नष्ट हो जाता है। वह बुरा काम नहीं करने पर भी लाँछन पाता है तथा झूठे अपवाद से व्यथित रहता है। चोरों, ठगों तथा बेईमानों से यह छला जाता है। ऐसा व्यक्ति स्त्री नाशक, नेत्र-रोगी, ऋषि, झगड़ालू, मूर्ख तथा नीच प्रकृति का साहसी होता है।

बुध

जिस जातक के लग्न में बुध होता है वह अपने पूरे जीवन को व्यवस्थित करता हुआ उन्नति की ओर अग्रसर होता है, उसकी बुद्धि श्रेष्ठ होती है। और धार्मिक कार्यों में उसकी रुचि होती है। उसका शरीर स्वर्ण के समान कान्ति वाला और वह प्रसन्नचित्त प्राणी होता है। ऐसा व्यक्ति दीर्घायु, गणितज्ञ, विनोदी, उदार, सरल हृदय, विद्वान और मिष्ठभाषी होता है।

जिसकी कुंडली में दूसरे स्थान पर बुध होता है, वह बुद्धिमान तथा परिश्रमी होता है। सभा आदि में भाषण द्वारा वह जनता को मन्त्रमुग्ध कर सकता है। ऐसा व्यक्ति दलाल, वकील अथवा नेता होता है एवं मितव्ययी, संग्रह करनेवाला, सत्कार्य में प्रवीण और साहसी होता है।

तीसरे स्थान में बुध रखने वाला व्यक्ति व्यापारी से मित्रता स्थापित करने वाला होता है। व्यापारादि कार्यों में उसकी बहुत रुचि होती है। स्वतंत्रचेता एवं निर्भीक पुरुष के साथ इसकी मित्रता स्थायी होती है। नम्र स्वभाव और उदार हृदय वाला यह पुरुष कार्यदक्ष तथा परिश्रमी होता है। ऐसा जातक सामुद्रिक शास्त्र में रुचि रखनेवाला भीरु, लेखक, सम्पादक, कवि, विलासी, विषयानुरक्त, चंचल, यात्राशील, सद्गुणी एवं अल्प भ्रातृवान होता है।

चौथे स्थान में यदि बुध हो तो व्यक्ति बुद्धिमान होता है। राज्य में उसकी प्रतिष्ठा तथा मित्रों में सम्मान होता है। ऐसा व्यक्ति अपने पिता के धन से वंचित रहता है, पर वाहन-सुखी, भाग्यवान, दानी, स्थूल-देही, आलसी, लेखक, नीतिवान एवं बन्धु-बान्धव-प्रेमी होता है।

जिसके पाँचवें स्थान पर बुध होता है, उसे सन्तान-सुख का अभाव रहता है। यदि होता भी है तो वृद्धावस्था में पुत्र-लाभ होता है। ऐसा व्यक्ति घोर स्वार्थी तथा छल-कपट से पूर्ण होता है। जो धीरे-धीरे स्थायी अर्थ संचय कर लेता है।

यदि छठे स्थान में बुध हो तो उसका अन्य मनुष्यों के साथ विरोध रहता है। साधु-सन्तों से मारण-मोहन एवं वशीकरण विद्या सीखने में काफी धन व्यय कर डालता है। ऐसा व्यक्ति दूसरों की बिना सहायता लिए अपने पुरुषार्थ से धन इकट्ठा करता है। यह जातक वादी, कलहप्रिय, आलसी, अभिमानी, परिश्रमी, कामी एवं स्त्रियों को प्रिय लगनेवाला होता है।

यदि किसी कुंडली में सातवें स्थान पर बुध पड़ा हो तो वह स्त्री के लिए सुखदायक होता है। उसका शरीर स्वर्ण-कान्तिवत् चमकता रहता है। ऐसा जातक सुन्दर, कुलीन, व्यवसाय-कुशल, धनी, लेखक, सम्पादक, धार्मिक, अल्पवीर्यवान और उदार होता है।

आठवें स्थान का बुध व्यक्ति को लम्बी उम्र देता है। यह देश तथा विदेश

में भी ख्याति-लाभ करता है। व्यापार से यह लाभ कमाता है, तथा एक साथ कई स्त्रियों से रमण करता है। ऐसा व्यक्ति अभिमानी, सुन्दर, कृषि कार्यों में निपुण, कवि, न्यायाधीश, वक्ता, वकील एवं धर्मात्मा स्वभाव का होता है।

यदि नवें स्थान में बुध हो तो वह मनुष्य धार्मिक कार्यों में रुचि लेनेवाला, बुद्धिमान, तीर्थादि करनेवाला तथा कुल-दीपक होता है, रण में शत्रु इसके सामने टिक नहीं सकते तथा दुर्जनों का यह निर्ममता से विनाश करता है। ऐसा जातक कवि, गान-विद्या में निपुण, सम्पादक, लेखक, ज्योतिषी, धर्म-भीरु एवं भाग्यवान होता हैं

जिसके दसवें स्थान में बुध पड़ा हो तो, वह पिता द्वारा अर्जित धन प्राप्त करता है। नीति तथा दंड शास्त्र पर उसक असाधारण अधिकार रहता है। न्याय करने में निपुण होता है। ऐसा व्यक्ति अल्पभाषी, विद्वान, लोकमान्य, व्यवहारकुशल, कवि, लेखक, मातृ-पितृभक्त एवं जमींदार तुल्य होता है।

ग्यारहवें भाव में बुध पड़ा हो तो वह व्यक्ति को खूब सम्पत्ति देता है। ऐसा व्यक्ति दीर्घायु, सदाचारी, धनवान, प्रसिद्ध, विद्वान, कवि, लेखक सम्पादक, न्यायी, गायन-प्रिय, कुल-नायक, पुत्रवान, विचारवान एवं शत्रुनाशक होता है।

जिसके बारहवें स्थान में बुध हो तो वह विद्वान होते हुए भी आलसी होता है। वकील, धर्मात्मा, कुलीन, गुणी, और शास्त्रों का जानकार ऐसा व्यक्ति सभी बन्धुओं को सन्तुष्ट रखता है।

गुरु

जिसके जन्म-लग्न में बृहस्पति होता है, वह अपने गुणों से सब जगह आदर की दृष्टि से देखा जाता है। उसका अधिकांश धन पर्यटन में व्यय होता है। ऐसा व्यक्ति ज्योतिष कार्य में रुचि रखनेवाला, दीर्घ आयु भोगनेवाला, कार्य-कुशल, तत्पर, स्पष्टवक्ता, सुन्दर, सुखी, विनीत, धनी, मृदुभाषी, पुत्रवान एवं धर्मात्मा होता है।

जिसके दूसरे स्थान पर गुरु होता है, वह कवि-हृदय होता है, उसमें राज्य-संचालन करने की शक्ति होती है। तथा बकवादी स्वभाव से कई बार हताश, निराश और पराजित भी होता है। ऐसे व्यक्ति को कठिनता से द्रव्य प्राप्ति होती है तथा प्रयत्न करने पर भी उसके पास धन नहीं टिकता। यह जातक सुन्दर, राज्यमान्य, सुकार्यरत, पुण्यात्मा, भग्यवान्, दीर्घायु, पद-द्रव्य पीड़ित होता है।

यदि तीसरे स्थान पर गुरु हो तो वह जातक को नीच स्वभाव का बना देता है। उसे सहोदर भ्राताओं का सुख मिलता है। वह मित्रता स्थापित करता हुआ भी कृतघ्न स्वभाव का होता है। भाग्यवान् होते हुए ऐसे व्यक्ति को कठिनता से द्रव्य की प्राप्ति होती है। यह पुरुष मंदाग्नि-पीड़ित, लेखक, प्रवासी, योगी, आस्तिक, कामी, स्त्रियों के पीछे घूमनेवाला, विदेशप्रिय और पर्यटनशील होता है।

जिसके पाँचवें स्थान में गुरु पड़ा हो, उसका स्वभाव विलासी एवं आरामप्रिय

होता है। वह श्रेष्ठ वक्ता, कल्पनाप्रिय कवि एवं लेखक होता है। पुत्र के कारण इसे धन-प्राप्ति होती है, परन्तु जीवन में इसे कठोर संघर्षों के बीच में से गुजरना पड़ता है। ऐसा व्यक्ति आस्तिक ज्योतिषी, लोकप्रिय, सट्टे से धन प्राप्त करनेवाला, सन्ततिवान एवं नीति-विशारद होता है।

छठे स्थान में गुरु रखनेवाला जातक सदा रोगी ही रहता है। शत्रुओं का विनाश करता हुआ मुकदमे आदि में जीतता रहता है। भार्या का उसे पूर्ण सुख प्राप्त होता है। किन्तु मामा का सुख उसे नहीं मिलता। उसकी माता भी सदैव रोगिणी रहती है। ऐसा जातक विवेकी, प्रसिद्ध विद्वान्, सुकर्मरत, उदार और प्रतापी होता है।

जिसके सातवें स्थान में गुरु हो तो उसकी बुद्धि और विभूति श्रेष्ठ होती है। वह स्त्रियों का अधिक प्रेमी नहीं होता यद्यपि वह स्वयं सुन्दर तथा बलवान होता है। ऐसा व्यक्ति भाग्यवान, प्रधान, वक्ता, गुणज्ञ, गुणीजनों का आदर करनेवाला, चित्रकार, नम्र, धैर्यवान, प्रवासी और निश्चय रूप से परस्त्रीगामी होता है।

आठवें स्थान में पड़ा हुआ गुरु दीर्घायु प्रदान करता है। ऐसा व्यक्ति अधिक समय तक पिता के घर में नहीं रहता। यदा-कदा उसका शरीर रोगों से भी जूझता रहता है, फिर भी वह शीलसम्पन्न, सुखी शान्त, मधुरभाषी, विवेकी, ग्रन्थकार, लोभी, गुप्तरोगी, एवं मित्रों का धन खर्च करनेवाला होता है।

जिसके नवें स्थान में बृहस्पति होता है, वह सुन्दर गृह का निर्माण करता है। ऐसा व्यक्ति राज का प्रिय एवं बन्धु-बान्धवों पर स्नेह रखनेवाला होता है। आलसी होने के कारण इसके कई कार्य शुरू किए जाने पर भी अधूरे रहते हैं। ऐसा व्यक्ति यशस्वी, भक्त, वेदान्ती, भाग्यवान्, विद्वान, पुत्रवान एवं कई विषयों का थोड़ा-बहुत जानकार होता है।

दसवें स्थान का बृहस्पति जातक को भवन-प्रेमी एवं भूमिपति बना देता है। वह चित्रकला में निपुण होता है, तथा उसकी कीर्ति पूर्वजों से भी बढ़कर होती है। यह व्यक्ति अपने पुत्रों से सन्तुष्ट नहीं रहता। ऐसा जातक सत्कर्मी, सदाचारी, ऐश्वर्यवान, चतुर, न्यायी, ज्योतिष-कला-प्रवीण, स्वतन्त्र विचारक, धनी तथा माता-पिता का परम भक्त होता है।

जिसके ग्यारहवें स्थान में गुरु होता है, वह ऐश्वर्यवान, पिता का धन बढ़ानेवाला एवं दक्षता से व्यापार को बढ़ानेवाला होता है। उस के पाँच सन्तान पैदा होती हैं। परोपकार में वह सदैव प्रस्तुत रहता है तथा उसका धन सत्कर्मों में ही व्यय होता है। ऐसा व्यकित निरोगी, व्यवसायी, धनिक, विद्वान, बहु-स्त्रीयुक्त एवं पराक्रमी होता है।

जिस जातक के बारहवें स्थान में बृहस्पति होता है, आलसी, कम खर्च करनेवाला, दुष्ट स्वभाव का लोभी व्यक्ति होता है। ऐसा व्यक्ति शास्त्रें में रुचि रखनेवाला होते हुए भी उनकी निन्दा करता है। इसका धन उत्तम कार्यों में व्यय

नहीं होता और न यह बुद्धि का ही उपयोग करता है। यह योगाभ्यासी, सम्पादक, सुखी और निश्चिन्त स्वभाव का होता है।

शुक्र

जिसके लग्न-स्थान में शुक्र पड़ा होता है, उसका अंग-प्रत्यंग सुन्दर होता है। श्रेष्ठ रमणियों के साथ विहार करने को वह लालायित रहता है तथा उच्च कर्मों को करता हुआ उत्तम सुखों का भोग करता है। ऐसा व्यक्ति दीर्घ आयु वाला, स्वस्थ, सुखी, मृदु एवं मधुरभाषी, विद्वान, कामी तथा राज्य-कार्य में दक्ष होता है।

जिसके दूसरे स्थान में शुक्र हो, वह प्रियभाषी तथा बुद्धिमान होता है। स्त्री की कुंडली हो तो वह सर्वश्रेष्ठ सुन्दरी पद प्राप्त करने की अधिकारिणी होती है। सुन्दर वस्त्रों का शौकीन ऐसा पुरुष बहु-रमणी प्रिय होता है। वह मिष्ठान्न भोजी, हीरो-पन्नों की परख करनेवाला, कवि, दीर्घजीवी, साहसी एवं भाग्यवान होता है।

जिसकी कुंडली में तीसरे स्थान पर शुक्र होता है, वह स्त्रियों का प्रेमी नहीं होता। पुत्र लाभ होने पर भी सन्तुष्ट नहीं रहता। साहसी होते हुए भी काम करने पर घबरा जाता है। ऐसा व्यक्ति कृपण, आलसी, चित्रकार, भाग्यवान, विद्वान और यात्रा करने का शौकीन होता है।

जिसके चौथे स्थान में शुक्र हो, वह अपने साथियों से आगे बढ़ जाता है तथा उच्च पद प्राप्त करता है। इस व्यक्ति के अनेक मित्र होते हैं। घर सभी वस्तुओं से पूर्ण भरा रहता है। वह जन्म से ही अपनी माता का पालन-पोषण करता है। ऐसा व्यक्ति दीर्घायु, परोपकारी आस्तिक, व्यवहार-दक्ष और कुशल होता है।

पाँचवें स्थान पर पड़ा हुआ शुक्र शत्रुनाशक होता है। अल्प परिश्रम से ही इसके कार्य सम्मन्न होते हैं। ऐसा व्यक्ति कवि-हृदय, सुखी, भोगी, न्यायवान, आस्तिक, उदार और व्यवसायी होता है।

जिसके छठे स्थान में शुक्र होता है, उसके नित-नए शत्रु पैदा होते हैं। ठीक प्रकार से काम किए जाने पर भी वह सफल नहीं हो पाता। मित्रों द्वारा इसका आचरण नष्ट हो जाता है और गलत कार्यों में धन व्यय कर लेता है। ऐसा व्यक्ति पिता, गुरु आदि के सुख से भी वंचित रहता है। वह स्त्री-सुखहीन, दुराचारी, बहुमूत्र रोगी, दुःखी गुप्तरोगी तथा मितव्ययी होता है।

जिसके सातवें स्थान में शुक्र होता है, उसके कटि-भाग में सदैव पीड़ा रहती है। वह बड़ा विलासी, प्रवासी तथा अल्प उद्योगी होता है। ऐसा व्यक्ति उदार, लोकप्रिय, धनिक, व्यर्थ की चिन्ता करनेवाला, विवाह के बाद भाग्योदयी, व्यभिचारी, चंचल, विलासी एवं स्त्री से सुखी होता है।

आठवें स्थान में यदि शुक्र हो तो वह व्यक्ति वाहनादि का पूर्ण सुख प्राप्त करता है। वह दीर्घजीवी तथा कटुभाषी होता है। इसके कार्य बड़े कष्ट से सम्पन्न

होते हैं। इसके ऊपर हर सम्भव कर्जा चढ़ा रहता है। ऐसा जातक रोगी, क्रोधी, चिड़चिड़ा, दुःखी, गुप्तरोगी, पर्यटनशील और पराई स्त्रियों में धन व्यय करनेवाला होता है।

यदि लग्न-स्थान से नवें स्थान में शुक्र हो तो जातक अत्यन्त धनवान् होता है। धर्मादिक कार्यों में इसकी रुचि बढ़ी हुई होती है। सगे भाइयों से इसे बहुत सुख मिलता है। और अपना जीवन सुखपूर्वक व्यतीत करता है। ऐसा व्यक्ति आस्तिक, गुणी, प्रेमी, राजप्रेमी तथा मौजी स्वभाव का होता है।

जिसके दसवें स्थान में शुक्र होता है, वह व्यक्ति लोभी और कृपण स्वभाव का होता है, इसे सन्तान-सुख का अभाव-सा ही होता है। ऐसा व्यक्ति विलासी, धनवान्, विजयी, हस्त-कार्यों में रुचि लेनेवाला एवं शक्की स्वभाव का होता है।

जिसके जन्म-लग्न में ग्यारहवें स्थान में शुक्र होता है, वह प्रत्येक कार्य में लाभ प्राप्त करता है। सुन्दर, शील, कीर्तिमान्, सत्यप्रेमी, गुणवान्, भाग्यवान्, धनवान्, वाहनसुखी, ऐश्वर्यशील, लोकप्रिय, जौहरी, कामी तथा पुत्र-सुख भोगता हुआ ऐसा व्यक्ति जीवन में कीर्तिमान् स्थापित करता है।

यदि बारहवें स्थान में शुक्र हो तो उसके द्रव्य की कमी नहीं रहती। ऐसा व्यक्ति स्थूल, परस्त्रीरत, आलसी, गुण को पहचाननेवाला, विद्या-प्रेमी, मितव्ययी तथा शत्रुनाशक होता है।

शनि

जिसके शनि जन्म-लग्न में होता है। वह सम्पत्तिशाली, काम-लोलुप, शौक करनेवाला तथा मन्द दृष्टि वाला होता है। वह स्वयं रुग्ण होता हुआ भी शत्रुओं का नाश करने में सक्षम होता है। यदि तुला तथा मकर लग्न हो तो शनि अत्यन्त शुभ फल देता है, परन्तु इसके अतिरिक्त अन्य राशियों का लग्न हो तो शनि अपनी दशा में हीन फल देता है।

दूसरे भाव में शनि हो तो वह सोने का संग्रह में हीन फल देता है। सुख की खोज में वह इधर-उधर फिरता रहता है, पर इसके मन को शान्ति नहीं मिलती। ऐसा व्यक्ति मुख-रोगी, साधु-संन्यासियों को कटु वचन कहनेवाला तथा भ्रातृ-वियोगी होता है।

जिसके तीसरे स्थान में शनि होता है, वह सुन्दर प्रभावोत्पादक भाषण करनेवाला पर उद्योगहीन होता है। इसका भाग्य विघ्नों से घिरा रहता है। ऐसा जातक निरोगी, विद्वान्, मल्ल, कुश्ती, लड़ने का शौकीन, विवेकी तथा शत्रुओं का नाश करनेवाला होता है।

जिसके चौथै स्थान पर शनि पड़ा हो, उस व्यक्ति को पिता का धन प्राप्त नहीं होता। बन्धु-बान्धवों की ओर से उसे कष्ट ही मिलता है, कुल की हानि होती

है तथा ऐसा व्यक्ति माता-पिता को दुःख देनेवाला, बलहीन, अपयशी, शीघ्र क्रोध करनेवाला, कपटी, धूर्त तथा उदासीन होता है।

पाँचवें स्थान पर पड़ा हुआ शनि जातक को सन्तान का अभाव देता हुआ, बुद्धि कुंठित रखता है। उसकी सम्पत्ति चंचल रहती हैं ऐसा व्यक्ति घोर नास्तिक, मित्रद्रोही, उदर-पीड़ा से ग्रस्त, भ्रमणशील, विद्वान्, आलसी एवं चंचल होता है।

यदि छठे स्थान में शनि पड़ा हो तो वह बलिष्ठ और शत्रुओं का दमन करनेवाला होता है, चौपाए रखने का उसे शौक होता है। ऐसा व्यक्ति भोगी, कंठ-रोगी, कवि, जाति-विरोधी, आचार-व्यवहार के नियमों से हीन, योगी और श्वास, दमा आदि बीमारियों से पीड़ित रहता है।

यदि सातवें स्थान पर शनि पड़ा हो तो उसका धन स्थायी रहता है। स्त्री तथा पुत्र के रोगों से सदैव पीड़ित रहता है। किसी भी कार्य को आरम्भ करने के पश्चात् हिचकिचाता रहता है। उसकी प्रवृत्ति लोभी होती है। ऐसा जातक क्रोधी, नीच, भ्रमणप्रिय, आलसी और स्त्री का भक्त होता है।

आठवें स्थान का शनि व्यक्ति के हृदय को संकुचित और कलुषित बना देता है। अपने भाइयों तथा स्वजनों से अकारण ही बैर बनाए रखता है। ऐसा व्यक्ति स्थूलशरीरी, आलसी और धूर्त होता है। वाचालता, डरपोकपन, धूर्तता और उदारता उसके विशेष गुण होते हैं।

जिसके नवें स्थान में शनि हो, वह कठोर बुद्धि वाला होता है, परन्तु उसका स्वभाव मृदु होता है। योग-वैराग्य आदि शास्त्रों पर उसकी श्रद्धा होती है। रजोगुण-प्रधान ऐसा व्यक्ति क्षुद्र बुद्धि के कारण मित्रों तबा बन्धुओं के व्यंग्य बाणों से दुःखी रहता है। ऐसा व्यक्ति या तो कठोर कर्म करता है अथवा शनि की दशा में संन्यासी हो जाता है। यह जातक रोग पालने वाला, भ्रमणशील, कृशदेही, भीरु, धर्मात्मा, मातृहीन तथा शत्रुओं का नाश करनेवाला होता है।

जिस जातक के दसवें स्थान में शनि होता है, उसके माता-पिता की मृत्यु बाल्यकाल में ही हो जाती है। अधिकार के घमंड से नीच कार्य में प्रवृत्त हो जाता है। जीवन में उसका सुख धीरे-धीरे बढ़ता है। जीविका अल्प और युद्ध में विजयश्री मिलती है। ऐसा व्यक्ति नेता, न्यायी, राजयोगी, अधिकारी, चतुर, महत्त्वाकांक्षी, परिश्रमी तथा उदर-विकार से पीड़ित रहता है।

जिसके ग्यारहवें स्थान में शनि हो, उसके माता-पिता की मृत्यु उसके बचपन में ही हो जाने की सम्भावना रहती है। पिता द्वारा अर्जित धन नष्ट हो जाता है तथा वह अप्रत्याशित आपत्ति से सदैव दुःखी रहता है, परन्तु अर्जित धन को वह सुरक्षित रख पाता है। ऐसा जातक प्रपंची, उत्कृष्ट वीर, दीर्घायु, क्रोधी, शिल्पी, व्यवसायी, विद्वान, गुणीजनों का आदर करनेवाला, रोगहीन तथा संतान की ओर से दुःखी होनेवाला होता है।

यदि किसी कुंडली के बारहवें स्थान में शनि पड़ा हो तो वह व्यक्ति निर्लज्ज तथा छोटी-छोटी आँखों वाला होता है। विदेश यात्रा करने में विशेष रुचि लेता हुआ भी वह व्यक्ति उन्माद का रोगी, अपव्ययी, कटुभाषी, दुष्ट स्वभाव, अविश्वासी, तथा मामादि पारिवारिक जनों को कष्ट देनेवाला होता है।

राहु

जिसके जन्म-लग्न में राहु होता है वह शत्रुओं का नाश करनेवाला तथा स्वार्थी स्वभाव का होता है। ऐसा व्यक्ति किसी के सरंक्षण में स्वतन्त्रतापूर्वक कार्य करने में असमर्थ है। ऐसा व्यक्ति अल्पसन्तान वाला, मस्तिक-रोगी, नीच-कर्म में तत्पर, दुर्बल तथा संसार से विरक्ति रखनेवाला होता है।

दूसरे स्थान पर यदि राहु हो तो वह कुटुम्ब का नाश करनेवाला होता है। झूठ बोलनेवाला, कटुभाषी तथा निर्भय स्वभाव का ऐसा व्यक्ति धन की वृद्धि और रक्षा करनेवाला होता है। इसकी मृत्यु शस्त्रादि से हो सकती है। यह जातक अल्प सम्पत्ति वाला, परदेश-गमन प्रिय, संग्रहशील तथा शत्रुओं का विनाश करनेवाला होता है।

जिसके तीसरे स्थान में राहु हो वह व्यक्ति अत्यन्त बलिष्ठ होता है। ऐसा व्यक्ति दृढ़, विवेकयुक्त, प्रवासी, दुःखों का विनाश करनेवाला, विद्वान् एवं व्यवसायी होता है।

चौथे स्थान में पड़ा हुआ राहु माता को हानि पहुँचाता है, पर यदि चतुर्थ भाव मेष, कर्क, कन्या और मिथुन राशि का हो और उसमें राहु पड़ा हो तो श्रेष्ठ फल देता है। ऐसा व्यक्ति क्रूर स्वभाव वाला, उदर रोगी, अल्पभाषी तथा असन्तोषी होता है।

जिसके पाँचवें स्थान में राहु होता है, उसे पुत्र-प्राप्ति होती रहती है। इसकी स्त्री हमेशा बीमार रहती है, अतः उस ओर से यह चिन्तित ही रहता है। ऐसा व्यक्ति मतिमन्द, कुल-धन-नाशक, भाग्यवान्, कार्यकर्ता तथा शास्त्रप्रिय होता है।

छठे स्थान का राहु विधर्मियों द्वारा लाभ उठाता है। बलवान्, धैर्यवान् तथा वीर्यवान् होता हुआ भी ऐसा व्यक्ति कमर दर्द से पीड़ित रहता है। यह जातक बड़े-बड़े कार्य करनेवाला, अरिष्ट-नाशक, पराक्रमी, एवं शत्रुओं का विनाश करनेवाला होता है।

जिसके सातवें स्थान में राहु हो वह एक से अधिक विवाह करता है। उसका अन्तःकरण अग्नि के समान सदा प्रज्वलित रहता है। लोग उसकी निन्दा करते नहीं थकते, चाहे वह कितना ही अच्छा काम क्यों न करे। इसे व्यापार से हानि पहुँचती है। यह भ्रमणशील, वात-रोगी, दुष्कर्म करनेवाला, चतुर, लोभी एवं बुरे आचार वाला होता है।

आठवें स्थान में राहु रखनेवाला कठोर परिश्रमी होता है। उदर में वायुगोला तथा रक्तगुल्म आदि की बीमारियाँ उसे सदैव रहती हैं। इसे पिता की सम्पत्ति प्राप्त

नहीं होती तथा यह कुटुम्बियों से एकान्तवास करता है। विद्वानों तथा बुद्धिमानों में इसकी प्रशंसा होती है। ऐसा नर पुष्टदेही, गुप्तरोगी, बकवाद करनेवाला कामी स्वभाव का होता है।

जिसके नवें भाव में राहु होता है। वह अपने सद्गुणों से सबको प्रसन्न रखता है तीर्थों आदि का प्रेमी तथा दयालु स्वभाव का यह जातक अपने कुटुम्ब का कुशलता से पालन-पोषण करता है। ऐसा व्यक्ति वात-रोगी, प्रवासी, परिश्रमी, दुष्ट बुद्धि तथा भाग्योदय से रहित होता है।

दसवें स्थान में राहु पड़ा हुआ मनुष्य को नीच कर्मरत बना देता है। वह व्यसनों का शौकीन तथा क्रूर कार्य करने में तत्पर रहता है। बुरे व्यक्तियों की मित्रता करने से जाति तथा समाज में इसको आदर नहीं मिलता। ऐसा व्यक्ति सुन्दर स्त्रियों का भोग करनेवाला, वाचाल, अनियमित कार्यकर्त्ता, सन्तति-क्लेशी तथा मितव्ययी होता है, परन्तु यदि इस भाव में राहु चन्द्रमा के साथ पड़ा हो तो राजयोग बनता है।

यदि राहु ग्यारहवें स्थान पर हो, तो उसे पुरुष को सदैव नीच कार्य करनेवाले लोगों से द्रव्य-प्राप्ति होती है। नौकरों के साथ भ्रमण करने वाला यह व्यक्ति परिजनों का साथ छोड़कर धूर्तों से मित्रता रखता है। पुत्रों का सुख इसे प्राप्त होता है। ऐसा व्यक्ति मन्दमति, लाभहीन, परिश्रम करनेवाला, अरिष्टनाशक तथा अपने कार्य में चौकन्ना रहनेवाला होता है।

बारहवें स्थान में यदि राहु हो तो वह व्यक्ति पसलियों के दर्द से पीड़ित रहता है। उद्योग करने पर भी ऐसे व्यक्ति के कार्य सिद्ध नहीं होते। सज्जनों से विरोध रखता हुआ यह व्यक्ति दुष्टों से मित्रता रखता है। ऐसा जातक विवेकहीन, मतिमन्द, परिश्रमी, फिज़ूल खर्च करनेवाला, चिन्ताशील एवं कामी होता है।

केतु

जिसके जन्म-लग्न में केतु हो, उससे बन्धु-बान्धव परेशान रहते हैं। इसका मन सदैव अशान्त रहता है तथा दुर्जनों से भयभीत रहता है। इसके शरीर में वायु-सम्बन्धी व्याधियाँ होती हैं। ऐसा व्यक्ति भीरु, चंचल स्वभाव तथा मूर्ख होता है, परन्तु यदि वृश्चिक लग्न हो और उसमें केतु पड़ा हो तो जातक धनी, परिश्रमी तथा सुख उठानेवाला होता है।

दूसरे स्थान में केतु हो, तो मुख रोग होता है। इसे पिता का धन कठिनता से प्राप्त होता है, उसका आदर अल्प होता है। परन्तु यदि यह भाव मेष, मिथुन, या कन्या राशि पर हो तो वह व्यक्ति अत्यन्त सुखी होता है।

तीसरे स्थान में केतु हो तो वह शत्रुओं का नाश करनेवाला, धन-भोग एवं ऐश्वर्य का भोग करनेवाला होता है। इसके दिल में चिन्ता अकारण ही बनी रहती है और वह उससे पीड़ित रहता है। भूतों और प्रेतों का भक्त यह जातक बकवासी और चंचल

स्वभाव का होता है।

यदि चौथे स्थान पर केतु हो तो वह व्यक्ति माता और मित्र के सुख से वंचित रहता है। उसकी पैतृक सम्पत्ति नष्ट हो जाती है तथा अपने घर में ही वह अधिक दिनों तक नहीं टिक पाता। यदि केतु उच्च हो तो वह बान्धवों को सहायता पहुँचानेवाला होता है। ऐसा व्यक्ति निरुत्साही तथा निरुद्यमी होता है।

पंचम स्थान में केतु हो तो उसके सगे भाई ही उसे पीड़ा पहुँचाते हैं। वायु रोग से वह व्यथित रहता है। तथा उल्टे-सीधे कार्य करने पर उससे होनवाली हानि से पीड़ा उठाता है। कम सन्तान वाला यह जातक पराक्रमी होने पर भी दूसरों का दास बना रहता है।

जिसके छठे स्थान में केतु होता है, उसकी मामा द्वारा मानहानि होती है। चौपायों आदि के पालन से इसे सुख मिलता है। यह मन का संकीर्ण होता है। ऐसा जातक झगड़ालू, भूत-प्रेत-जनित रोगों से रोगी, सुखी, निरोगी एवं मितव्ययी होता है।

सातवें स्थान में केतु रहे तो उसे व्यर्थ की चिन्ता बहुत करनी पड़ती है। अल्प समय में ही उसका धन नष्ट हो जाता है। जल आदि से उसे घात रहती है। स्त्री-पुत्रादि इससे पीड़ित रहते हैं। तथा मन सदैव अशान्त बना रहता है। सातवाँ स्थान वृश्चिक राशि का हो तो केतु बहुत लाभदायक होता है।

जिसके आठवें स्थान में केतु हो, वह व्यक्ति बसासीर आदि रोगों से पीड़ित रहता है। वाहनादि से गिरकर मृत्यु हो जाने का भय रहता है। धन की कमी रहती है। ऐसा नर दुष्टबुद्धि, तेजहीन, स्त्रीद्वेषी एवं चालाक होता है। किन्तु यदि आठवें स्थान का केतु वृश्चिक, कन्या और मेष राशि पर हो तो उस जातक की सम्पत्ति बढ़ती है।

नवें स्थान में केतु होने से भाग्य बढ़ाने वाला होता है। उसका दुःख दूर हो जाता है, नीच कर्मरत पुरुषों से उसका धन बढ़ता है। उसे अपने भाइयों से सदैव भय बना रहता है। वह परोपकार अथवा दान भी करता है तो भी लोग उसकी हँसी उड़ाते हैं।

दसवें स्थान में केतु हो तो वह भाग्यवान् तथा कष्टमय जीवन व्यतीत करनेवाला होता है। उसे पिता का सुख नहीं के बराबर मिलता है। यदि नवें स्थान पर कन्या या वृश्चिक राशि हो तो केतु शत्रुओं का नाश करनेवाला होता है।

ग्यारहवें स्थान में केतु होने से वह जातक को सभी प्रकार का लाभ देता है। ऐसा व्यक्ति भाग्यवान्, विद्वान्, उत्तम गुणों से भूषित तथा तेजस्वी होता है। उसकी सन्तान अभागी होती है। तथा वह उदर रोग से पीड़ित रहता है।

जिसके बारहवें स्थान में केतु हो, वह पुरुष उच्च पर प्राप्त करनेवाला तेजस्वी व्यक्ति होता है। श्रेष्ठ कर्मों में उसका धन व्यय होता है। मुकदमे आदि में शत्रुओं के विरुद्ध उसकी जीत होती है। वह व्यक्ति गुप्तेन्द्रिय तथा नेत्रों की पीड़ा से व्यथित

रहता है। ऐसा जातक चंचल, बुद्धिमान्, ठग धोखा देनेवाला तथा सभी लोगों पर सन्देह करनेवाला होता है।

राशियों में नव ग्रहों का फल

रवि—यदि किसी की कुंडली में रवि मेष राशि का हो तो उस व्यक्ति का आत्मबल मजबूत होता है, प्रत्येक कार्य में चातुर्य दिखाता हुआ वह व्यक्ति यश अर्जित करता है। ऐसा जातक उदार, प्रतापी, साहसी और महत्त्वाकांक्षी होता है।

वृष राशि पर सूर्य हो तो वह व्यक्ति स्त्रियों से अकारण द्वेष करनेवाला, पापों से डरनेवाला, शान्त तथा चंचल चित्त वाला होता है

यदि सूर्य मिथुन राशि में हो तो व्यक्ति विचारवान, विवेकी, ज्ञान की खोज में तत्पर रहनेवाला, मधुरभाषी, पुरानी वस्तुओं को इकट्ठा करने का शौकीन, इतिहास तथा ज्योतिषशास्त्र में पारंगत होता है।

यदि सूर्य कर्क राशि में हो तो वह व्यक्ति कर्त्तव्य को सर्वोपरि मान्यता देनेवाला, चंचल, समानता में विश्वास रखनेवाला, प्रसिद्ध कीर्तियुक्त एवं परोपकारी होता है।

सिंह राशि पर सूर्य हो तो वह व्यक्ति क्रोधी, जंगल में पशु-पक्षियों का शिकार करनेवाला, धैर्यशाली और पुरुषार्थी होता है। ऐसा व्यक्ति कठिन-से-कठिन परिस्थितियों में भी नहीं घबराता।

यदि कन्या राशि पर सूर्य हो तो वह व्यक्ति शक्तिहीन और मन्दाग्नि का शिकार होता है। ऐसा व्यक्ति लेखन-कला में कुशल होते हुए भी उचित स्थान प्राप्त करने में सफल नहीं हो पाता।

तुला राशि में सूर्य होने पर वह परदेश-गमन प्रिय होता है। मन्दाग्नि रोग से पीड़ित होता हुआ भी शत्रुओं पर विजय प्राप्त करता है। ऐसा व्यक्ति प्रत्येक कार्य प्रारम्भ करने में हिचकिचाता है और स्त्रियों के चक्कर में व्यर्थ लालसा पालता हुआ व्यथित रहता है।

सूर्य यदि जातक की कुंडली में वृश्चिक राशि का हो तो वह व्यक्ति समाज द्वारा मान्यता प्राप्त करता है, ऐसा व्यक्ति लोभी तथा गुप्त रोगों से पीड़ित रहता है। चिकित्साशास्त्र में रुचि लेता है तथा साहस से प्रत्येक कार्य में तत्पर रहता है।

धनु राशि का सूर्य जातक को योग मार्ग की शिक्षा देता है। वह व्यक्ति आस्तिक, साधु-सन्तों की सेवा करनेवाला, व्यवहार-कुशल, दयालु और स्थिरचित्त होता है।

यदि मकर लग्न में सूर्य हो तो वह झगड़ालू स्वभाव का उद्दंड व्यक्ति होता है, लोभ में गलत कार्य करने को तत्पर हो जाता है। ऐसा व्यक्ति चंचल, बकवादी और दुराचारी होता है।

कुम्भ राशि में सूर्य हो तो व्यक्ति-कार्य-कुशल होता है। ऐसा व्यक्ति घोर स्वार्थी, मित्रों को धोखा देनेवाला तथा संशयालु होता है।

यदि मीन राशि पर सूर्य हो तो जातक ज्ञानी, विवेकी, स्थिरचित्त, बुद्धिमान, भाग्य-निर्माता तथा श्वसुर से धन प्राप्त करता है।

चन्द्रमा

मेष राशि का चन्द्र हो तो व्यक्ति बहु सम्पत्तिशाली, दृढ़ शरीर वाला और शूरवीर होता है। जल में उसकी मृत्यु सम्भव है तथा घर की स्त्री इससे सन्तुष्ट नहीं रहती।

वृष राशिगत चन्द्र व्यक्ति को दानी-मानी और धनी बना देता है। ऐसा व्यक्ति कन्या सन्तति-बहुल होने से दुखी रहता है। कफ रोग से यह जातक चिड़चिड़ा हो जाता है।

यदि चन्द्र मिथुन राशि पर हो तो ऐसा व्यक्ति मर्मज्ञ, विद्वान्, नीति-निपुण होता है। रति-कुशल हो तो व्यक्ति आँखों का चिकित्सक होता है।

कर्क राशि पर चन्द्रमा हो तो व्यक्ति उन्मादी और रोगी होती है, बहुसम्पत्तिशाली और बहुसन्ततिवाला यह जातक जलविहारी, कामान्ध और कृतज्ञ होता है। ज्योतिष पुरातत्त्व आदि विषयों में इसकी रुचि रहती है।

सिंह राशि पर चन्द्रमा हो तो व्यक्ति बलिष्ठ योद्धा तथा दन्त-रोगी होता है। ऐसा व्यक्ति अल्प सन्ततिवान तथा माता-पिता का भक्त होता है।

कन्या राशि चन्द्र व्यक्ति को विद्वान् और धैर्यवान बना देता है। यह कई कलाओं में निपुण, मधुरभाषी और सदाचारी होता है।

यदि तुला राशि में चन्द्रमा हो तो व्यक्ति कृषि-कार्यों में अच्छा धन कमा सकता है। ऐसा नर बलिष्ठ, हृदय-पुष्ट और सैनिक या जमींदार-सा जीवन व्यतीत करता है।

वृश्चिक राशि का चन्द्रमा हो तो व्यक्ति देवताओं की खिल्ली उड़ाता हुआ भी उसे डरनेवाला होता है। ऐसा व्यक्ति पर-स्त्रीरत, लोभी तथा गुणीजनों से आदर करनेवाला होता है।

धनु राशि पर चन्द्रमा हो तो वह व्यक्ति कुशल शिल्पी, धनवान तथा समाज में आदर पानेवाला होता है। यह व्यक्ति प्रभावोत्पादक वक्ता अथवा नेता होता है।

मकर राशिगत चन्द्रमा कवि, क्रोधी और निर्बल होता है। संगीत कला में इसकी रुचि होती है तथा धार्मिक कार्यों में धन व्यय करने में यह सुख अनुभव करता है।

कुम्भ राशिगत चन्द्रमा वाला जातक क्षीण शरीर का तथा उन्मत्त स्वभाव के जातक को आलसी और दुखी बना लेता है। ऐसा पुरुष शिल्पकलाओं में प्रवीण होता है।

यदि कुंडली में मीन राशि पर चन्द्र हो तो व्यक्ति धार्मिक और शिल्पकार होता

है। ऐसा व्यक्ति सुन्दर और बहुभोगी होता है। शिल्प तथा हस्तकला में प्रवीण होने के कारण यह व्यक्ति धनवान होता हुआ सुखभोग करता है।

मंगल

किसी की कुंडली में यदि मेष राशि पर मंगल हो तो व्यक्ति सत्य बोलनेवाला, धैर्यवान्, शूरवीर, सैनिक, नेता या विद्वान् होता है।

वृष राशि पर मंगल हो तो उसके पुत्र उसे दुःख देते हैं तथा वह पापपूर्ण जीवन व्यतीत करता हुआ दुःख भोगता रहता है। लड़ाकू प्रवृत्ति के फलस्वरूप बन्धु-बान्धवों से उसका द्वेष रहता है।

यदि मिथुन राशि पर मंगल हो तो वह व्यक्ति लोगों की मदद करनेवाला, परदेश में जाकर रहनेवाला तथा शिल्पकार होता है।

कर्क में यदि मंगल हो तो ऐसा व्यक्ति गरीब और सुख-सुविधा से वंचित रहकर दिन गुजारता है। रोगी और सुख की खोज में भटकता हुआ यह सेवकवृत्ति धारण कर लेता है।

सिंह राशि पर मंगल होने से व्यक्ति, शूरवीर, परोपकारी, कार्य-निपुण, स्नेह रखनेवाला और सदाचारी जीवन व्यतीत करनेवाला होता है।

कन्या राशिगत मंगल व्यक्ति को लोकमान्य, व्यवहार कुशल, आस्तिक, सुखी तथा माता-पिता का भक्त बना देता है।

तुला राशि पर यदि मंगल हो तो वह व्यक्ति कुशलता से दूसरों के धन पर मौज उड़ाता है। परदेश-निवासी तथा कामी जीवन व्यतीत करता हुआ भी यह व्यक्ति विद्वानों द्वारा आदर की दृष्टि से देखा जाता है।

वृश्चिक राशि पर यदि मंगल हो तो व्यक्ति या तो पक्का व्यापारी बनता है या फिर चोरों, ठगों और बदमाशों का सरदार बनता है। यह व्यक्ति पातकी, झूठा होते हुए भी शोक से जीवन बिताता है।

यदि मंगल धनु राशि में पर हो तो व्यक्ति क्रूर और दुराचारी होता है। ऐसा व्यक्ति दूसरों की सेवा में तन-मन झोंक देता है।

मकर राशि पर यदि मंगल हो तो व्यक्ति ख्याति प्राप्त नेता, कुशल सम्पादक अथवा पराक्रमी नायक बनता है। ऐश्वर्य और भोग-विलास में जीवन व्यतीत करता हुआ यह स्वच्छन्द जीवन बिताने में सक्षम होता है।

यदि मंगल कुम्भ राशि पर हो तो उसका धन सट्टे में खत्म हो जाता है। अधिक व्यसन से उसकी देह जर्जर हो जाती है तथा आचारहीन, मद्यप-सा जीवन बिताने के लिए मजबूर होता है।

मीन राशि पर यदि मंगल हो तो जातक रोगी, मन्त्र-तन्त्र में विश्वास रखनेवाला, नास्तिक, हठी, धूर्त, वाचाल और बन्धुओं को पीड़ा पहुँचानेवाला होता है।

बुध

यदि जातक की कुंडली में बुध मेष राशि पर हो जो कृश देह का होते हुए भी हिम्मत और साहस वाला होता है। ऐसा व्यक्ति चतुर, कुशल प्रेमी, सत्य बोलनेवाला, स्त्रियों को प्रसन्न करनेवाला, नट, लेखक, कर्जे पर कर्जा करनेवाला होता है।

यदि बुध वृष राशि पर हो तो वह व्यक्ति रति-चर्या में निपुण शास्त्रों को जाननेवाला, हृष्ट-पुष्ट, मधुरभाषी, धनवान और विलासी होता है।

मिथुन राशि में पड़ा हुआ बुध लब्धप्रतिष्ठ वक्ता, मीठा बोलने वाला, शास्त्रों का जानकार, लेखक और सदाचारी बनता हुआ भी जातक को सन्तान-दुःख प्रदान करता रहता है।

यदि बुध कर्क राशि पर हो तो व्यक्ति निश्चय ही परस्त्रीरत होता है। ऐसा व्यक्ति मिथ्या भाषण करने में पटु होता है।

यदि बुध सिंह पर हो तो व्यक्ति, ठग, धोखा देनेवाला, कपटी, व्यभिचारी और मिथ्या भाषण करने में पटु होता है।

कन्या राशि पर बुध जिसकी कुण्डली में हो वह व्यक्ति सुप्रसिद्ध साहित्यकार, विख्यात कवि अथवा कुशल सम्पादक होता है। ऐसा व्यक्ति भाषण देने में निपुण होता है।

यदि बुध तुला राशि पर हो तो चातक चतुर वक्ता एवं व्यापार कार्यों में दक्ष होता है। शिल्पकला में प्रवीण यह व्यक्ति कुटुम्ब का पालन-पोषण करनेवाला, आस्तिक व धार्मिक मनोवृत्ति का होता है।

यदि वृश्चिक राशि पर बुध हो तो व्यक्ति दुराचारी, लम्पट, धूर्त, अनेक प्रकार के व्यसन वाला, मूर्ख और कर्जा बढ़ानेवाला होता है।

धनु राशि का बुध व्यक्ति को उदार, प्रसन्नचित्त, राजनीतिज्ञ, विद्वान्, लेखक, आलोचक अथवा विरोधी पार्टी का नेता बना लेता है।

यदि बुध मकर राशि में हो तो व्यक्ति कुलहीन, दुष्ट, दुराचारी, दुस्साहस करनेवाला, मिथ्याभाषी तथा मूर्ख होता है।

कुम्भ राशि में यदि बुध हो तो वह व्यक्ति कुटुम्ब द्वारा तिरस्कृत होकर परदेश में निवास करता है। ऐसा जातक दुःखी, अल्पधनी और हीन मनोवृत्ति का होता है।

यदि जातक की कुण्डली में मीन राशि पर बुध स्थित हो तो वह व्यक्ति परदेश में धन कमानेवाला, कार्य-कुशल, मीठा बोलनेवाला, छली एवं स्वाभिमानी होता है।

गुरु

यदि किसी की कुण्डली में मेष राशि पर गुरु हो तो वह व्यक्ति वकील धन कमानेवाला, असत्यवादी, प्रसिद्ध कीर्तिवान एवं विजयी होता है।

वृष राशि पर गुरु हो तो वह व्यक्ति देवताओं में विश्वास रखनेवाला, स्थूल शरीर, धनवान्, विद्वान् और चिकित्साशास्त्र में प्रवीण होता है।

मिथुन राशि का गुरु होने से जातक विज्ञान विषय में रुचि लेनेवाला होता है, उसे जीवन में अनायास धन प्राप्त होता है तथा लेखक बनकर कीर्ति प्राप्त करता है। व्यवहार-कुशल होता है।

कर्क राशि पर गुरु होने से व्यक्ति विद्वान्, सत्य बोलनेवाला, साम्यवादी विचारों का प्रशंसक, योगी, सुखी, धनी और धर्मात्मा होता है।

यदि सिंह राशि में गुरु हो तो जातक शत्रुओं को जीतकर शत्रुजित् कहलाता है। ऐसा व्यक्ति सभा में उपस्थित सभी लोगों को भाषण से मन्त्र-मुग्ध कर देता है।

कन्या राशि का गुरु भोगी, विलासी, चित्रकला-प्रवीण तथा चंचल स्वभाव का बनाने के साथ-साथ व्यक्ति को ऐशो-आराम का शौकीन भी बना देता है।

यदि गुरु तुला में हो तो जातक बुद्धिमान्, व्यापारकुशल, कवि या लेखक होता है। वह सुखी जीवन बिताता हुआ यश का भागी होता है।

वृश्चिक राशि का गुरु व्यक्ति को राज्यकार्य-दक्ष, पुण्यात्मा और शास्त्र-चतुर बनाने में सहायक होता है।

यदि धनु राशि में बृहस्पति हो तो जातक धूर्त होने के साथ-साध नीच और निम्न व्यक्तियों से सम्पर्क रखता है। उसका दम्भ उसे धीरे-धीरे पतन के मार्ग पर ले जाता है। ऐसा व्यक्ति किसी की भी सलाह नहीं मानता।

मकर राशिगत गुरु जिसकी कुंडली में होता है, वह चाहे जितना भी परिश्रम करे, उसका पूरा फल उसे नहीं मिलता। धन का सदैव उसे अभाव रहता है।

यदि गुरु कुम्भ राशि में हो तो वह व्यक्ति डरपोक स्वभाव वाला, कपटी और पत्नी तक को धोखा देनेवाला होता है। उसकी उम्र विदेशों में ही कटती है।

यदि गुरु मीन राशि में हो तो व्यक्ति दार्शनिक, लेखक, गर्वहीन, शान्त, सहिष्णु और व्यवहार कुशल होता है। ऐसा व्यक्ति साहित्य का विशेष प्रेमी होता है।

शुक्र

यदि मेष राशि पर शुक्र हो तो वह व्यक्ति दुराचारी और अविश्वसनीय होता है। ऐसा व्यक्ति झगड़ालू और व्यर्थ की रार बढ़ानेवाला तथा वेश्यागामी होता है। लम्पटता, धूर्तता, चंचलता उसके विशेष गुण होते हैं।

यदि वृष राशि पर शुक्र हो तो वह व्यक्ति ऐश्वर्यवान् और परोपकारी होता है। अनेक शास्त्रों और विद्याओं का वह जानकार होता है, सुन्दर स्वभाव की कई स्त्रियों के मन-मन्दिर का देवता होता है।

मिथुन राशिगत शुक्र हो तो व्यक्ति चित्रकला में निपुण होता है। साहित्यकारों

के साथ उठता-बैठता है और कवि-हृदय व सज्जन होता है।

यदि शुक्र कर्क राशि में हो तो व्यक्ति धार्मिक स्वभाव का परोपकारी होता है, वह सदैव धन का इच्छुक रहता है और उसके कार्य सफलता के पास आते-आते रुक जाते हैं।

सिंह राशि में यदि शुक्र हो तो वह व्यक्ति सदैव चिन्तातुर रहता है, पुत्र और पुत्रियों से उसे कष्ट मिलता है तथा जीवन के अन्तिम दिनों में उसे भाँति-भाँति के रोग आ घेरते हैं।

यदि शुक्र कन्या राशि में हो तो व्यक्ति अति कामी होता है, सभा में आदर प्राप्त करता है और सट्टे द्वारा अपना सारा धन लुटा लेता है। वह भोगी, रोगी और वीर्यहीन होता है।

तुला राशि का शुक्र व्यक्ति को कई कार्यों में दक्ष बना लेता है। अपने बन्धुओं से दूर उसकी आजीविका चलती है और कार्यकाल में यश प्राप्त करता रहता है।

यदि शुक्र वृश्चिक राशि पर हो तो उसका धन कुकर्मों से एकत्र होता है, दिनोंदिन उस पर ऋण बढ़ता ही रहता है तथा वह क्रोधी और दरिद्र होता है। वह गुप्तांगों में रोग होने से बेचैन रहता है।

यदि धनु राशि पर शुक्र स्थित हो तो उसे पिता द्वारा अर्जित धन नहीं मिलता। वह अपने भुजबल से धन एकत्र करता है तथा दान करता हुआ पुण्यलाभ प्राप्त करता है। समाज में उसकी कद्र होती है, तथा उसके जीवन से अन्य लोग प्रेरणा ग्रहण करते हैं।

यदि शुक्र मकर राशि पर स्थित हो तो वह जातक निर्बल तथा कृपण हृदय होता है। मान रखता हुआ भी वह दुःखी रहता है तथा एकान्त में विचरण करना इसका प्रिय विषय रहता है।

कुम्भ राशिगत शुक्र जिसकी कुंडली में हो तो वह चिन्ता से ग्रसित, रोगों से दुःखी, परस्त्री में अनुरक्त तथा धन को व्यर्थ ही खर्च करनेवाला होता है। धर्मादिक कर्मों में उसकी कतई रुचि नहीं रहती।

यदि मीन राशि में शुक्र हो तो वह व्यक्ति शिल्पादि कार्यों का जानकार होता है, अपने कार्यों में दक्ष तथा कृषि-कर्म का जानकार होता है। ऐसा जातक जौहरी, धनी तथा शान्त स्वभाव का होता है।

शनि

यदि किसी की कुंडली में मेष राशि का शनि हो तो वह व्यक्ति आत्मबलहीन और निर्बल होता है। किसी का भी अहसान वह शीघ्र ही भुला देता है वह दुराचारी कामों में अपने समय को बरबाद करता है।

यदि शनि वृष राशि पर हो तो वह व्यक्ति दुराचारी, द्रव्यहीन, मूर्ख और

असत्यभाषी होगा। ऐसे व्यक्ति के वचनों का विश्वास कठिनता से ही होता है।

मिथुन राशि स्थित शनि, व्यक्ति को कपटी, दुराचारी, पाखंडी और निर्धन बनाने में सहायक होता है। कामातुर रहते हुए भी ऐसे व्यक्ति को कोई नहीं चाहता।

यदि शनि कर्क राशि पर हो तो जातक बाल्यावस्था में अत्यन्त दुःखी रहता है। माता का उसे नहीं के बराबर स्नेह मिलता है, इसका स्वभाव चंचल और अस्थिर होता है, जिसके कारण कोई उसका विश्वास करने को तैयार नहीं होता।

सिंह राशि का शनि होने से व्यक्ति लेखक बनता है। जासूसी कार्यों अथवा जासूसी लेखन में इसकी विशेष रुचि रहती है और साधारण जीवन व्यतीत करता है।

यदि शनि कन्या राशि पर हो जातक बलवान्, अपने क्षेत्र का कुशल कार्यकर्त्ता, अवसरवादी, लेखक, सम्पादक अथवा कट्टर आलोचक होता है।

यदि शनि तुला में हो तो जातक नेतृत्व वहन करने में सक्षम होता है। वह सदैव अपनी उन्नति की ओर अग्रसर रहता है तथा भुजबल से यश अर्जित करता है।

वृश्चिक राशिगत शनि जातक को स्त्रीहीन, क्रोधी तथा लम्पट बना देता है। हिंसक कार्यों में वह रुचि लेता है तथा लोभ में आकर जघन्य-से-जघन्य कार्य करने को तत्पर हो जाता है।

यदि शनि धनु राशि पर हो तो जातक व्यवहार कुशल होता है। पुत्र की कीर्ति से उसकी प्रसिद्धि फैलती है तथा बाल्यावस्था से यौवन तथा यौवन से वृद्धकाल में अधिक सुख देखता है।

मकर राशि स्थित शनि जातक को मक्कार, छद्मी और परिश्रमी बना लेता है। भोग भोगने में यह तत्पर रहता है तथा शिल्पादि कार्यों में अत्यन्त कुशल एवं दक्ष होता है।

यदि शनि कुम्भ राशि पर स्थित हो तो जातक कई प्रकार से व्यसन करनेवाला, देवी-देवताओं को ठुकरानेवाला, परिश्रमी तथा उन्मादी स्वभाव का होता है।

मीन राशि में शनि हो तो व्यक्ति हतोत्साही होता है, अपने व्यक्तित्व का वह स्वयं नाश करता है और अविचार से बना-बनाया कार्य बिगाड़ देता है। ऐसा व्यक्ति शिल्पकार और कठोर स्वभाव का होता है।

राहु

यदि किसी की कुंडली में मेष राशि पर राहु हो तो जातक आलसी और अकर्मण्य होता है। अपने अविवेक से चारों ओर शत्रुओं की कतार इकट्ठी कर लेता है।

वृष राशि पर राहु हो तो व्यक्ति कुरूप और मटमैले रंग का होता है। इसका स्वभाव चंचल और अस्थिर होता है, जिसके कारण कोई उसका विश्वास करने को

तैयार नहीं होता।

यदि मिथुन राशि का राहु हो तो जातक योगाभ्यासी होता है। गायन और वाद्य आदि में उसकी रुचि रहती है और दीर्घ आयु भोगता हुआ वह सुखपूर्वक जीवन व्यतीत करता है।

कर्क राशि का राहु व्यक्ति को उदार बनाने के साथ-साथ योगी भी बना लेता है। मित्र उसका धन खा लेते हैं और कई बार वह कपट से छला जाता है।

सिंह राशि में यदि राहु हो तो जातक चतुर, नीतिवान, सत्पुरुष और सोच-विचारकर आगे बढ़नेवाला एवं व्यवहाकुशल होता है।

कन्या का राहु व्यक्ति को लोकप्रिय बनने में मदद करता है। ऐसा व्यक्ति कवि, लेखक, दार्शनिक अथवा गायन विद्या में निपुण होता है।

यदि तुला राशि में राहु हो तो जातक की उम्र थोड़ी होती है। वह किसी के द्वारा गोद लिया जाता है, जिससे उसे धन प्राप्ति होती है। अपने कार्य में दक्ष ऐसा व्यक्ति दाँतों के रोग से पीड़ित रहता है।

यदि राहु वृश्चिक राशि में हो तो व्यक्ति धूर्त, निर्बल, निर्धन और रोगी होता है। उसका धन डॉक्टर और वैद्य हड़प लेते हैं तथा वह अन्य व्यर्थ की चिन्ताओं से ग्रसित होता रहता है।

धनु में यदि राहु हो तो व्यक्ति छोटी उम्र में ही दुःख भोगने लग जाता है। ऐसा व्यक्ति निश्चय ही दूसरे व्यक्ति द्वारा गोद लिया जाता है। तथा वह मित्रों को धोखा देने में पटु होता है। इस प्रकार के जातक से उसकी स्त्री अप्रसन्न रहती है।

यदि मकर राशि में राहु हो तो व्यक्ति का भाग्योदय विवाह के बाद खुलता है। ऐसा जातक श्रेष्ठ, गुणज्ञ और शायरी करने में चतुर होता है।

कुम्भ राशि में यदि राहु हो तो जातक कुटुम्बहीन तथा दाँतों का रोगी होता है। वह बहुत कम बोलता है पर जो कुछ भी कहता है उसका सामने वाले व्यक्ति पर पूरा असर पड़ता है। लेखक होने पर भी धन का सदा अभाव रहता है।

यदि मीन राशि में राहु होता है तो जातक आस्तिक, शान्तचित्त, सहृदय, कार्य-दक्ष और विभिन्न कलाओं का प्रेमी होता है।

केतु

यदि जातक की कुंडली में मेष राशि पर केतु हो तो व्यक्ति स्वाभिमानी, क्रोध में जलनेवाला, वात-रोग, से पीड़ित और कई भाषाओं को जाननेवाला होता है।

वृष राशि पर केतु हो तो जातक दुःखी और निरुद्यमी होता है। व्यर्थ में बकवास करनेवाला वह व्यक्ति किसी की सहानुभूति अर्जित नहीं कर पाता। धन की सदैव उसके पास कमी ही रहती है।

,यदि मिथुन राशि में केतु हो तो साधारण व्यक्तित्व का पुरुष कम आय पर ही सन्तोष करके बैठा रहता है। कमी होने के कारण शत्रु नित नए पैदा होते रहते हैं तथा कम उम्र में ही बहुत दुःख देख लेता है।

कर्क राशि का केतु जातक को भूत-प्रेतों से पीड़ित रखता है, वात-विकारी होने के कारण उसे कई प्रकार के दुःख भोगने पड़ते हैं।

यदि केतु सिंह राशि का हो तो व्यक्ति डरपोक और क्रोधी होता है। उसकी मृत्यु साँप के डसने से होती है। तथा वह कई कलाओं की जानकारी रखता है।

कन्या राशि स्थित केतु जातक को रोगग्रस्त, मंदाग्नि पीड़ित और मूर्ख बना देता है। ऐसा व्यक्ति अपनी सन्तान तथा स्त्री से सदैव पीड़ित रहता है।

यदि केतु तुला राशि पर हो तो अट्ठाईसवें वर्ष बाद श्वेत कुष्ठ होने का भय रहता है। यह कामान्ध होकर जगह-जगह अपमानित होता है।

वृश्चिक राशि का केतु जातक को धूर्त एवं वाचाल बना देता है। रुपयों की चिन्ता में वह दिनोंदिन पीला पड़ता रहता है तथा यौवनकाल में कुष्ठ के लक्षण प्रकट होते हैं।

यदि धनु राशि में केतु हो तो जातक धूर्त और असत्य बोलनेवाला होता है। वह अपनी चालाकी, ठगी और कला से दूसरों के धन पर ही मौज करता है।

मकर राशि में केतु हो तो व्यक्ति परिश्रम करनेवाला, पराक्रमी, और नायक होता है।

यदि कुम्भ में केतु हो तो व्यक्ति गरीब, कान का रोगी, और इधर-उधर भटकनेवाला होता है।

यदि जातक की कुंडली में मीन राशि का केतु हो तो कार्यपरायण होते हुए भी जातक भाग्यहीन और डरा-डरा-सा जीवन व्यतीत करता है।

नवाँ अध्याय

ग्रह-युति फलादेश

एक ही भाव में दो या दो से अधिक ग्रह होने पर फल कैसे कहें?

ग्रह-युति फल

एक भाव या राशि में दो या अधिक ग्रहों का योगफल

अध्ययन के दौरान कई बार ऐसी कुंडलियाँ नजर से गुजरती हैं जहाँ एक ही भाव (घर या राशि) में दो, तीन, चार या अधिक ग्रहों का योग प्रकट होता है। ऐसी स्थिति में योग-फल कहना कुछ कठिन हो जाता है। फलादेश कहना कुछ कठिन हो जाता है। फलादेश स्पष्ट करते समय निम्न बातों का ध्यान रखना अत्यन्त आवश्यक है :

जातक का लग्न क्या है?

दो या दो से अधिक ग्रहों का मिलाप किस भाव में है?

जिस घर या भाव में ग्रहों का जमघट है, वहाँ कौन-सी राशि है?

इकट्ठे पड़े ग्रहों में व्यक्तिपरक तालमेल कैसा है?

इकट्ठे ग्रह शत्रु-वर्ग के हैं या मित्र वर्ग के।

समभावी ग्रह किन-किन घरों के स्वामी हैं।

क्या इकट्ठे ग्रह शुभ घरों के स्वामी हैं या अशुभ घरों के?

शुभ या अशुभ ग्रह अर्थात् दोष युक्त या दोष मुक्त ग्रह कौन-कौन से हैं।

एक ही भाव में इकट्ठे पड़े ग्रहों का विधिवत् अध्ययन करने के लिए नैसर्गिक मैत्री चक्र को भी ध्यान में रखना जरूरी है। यदि नवांश कुंडली का भी निरीक्षण कर लिया जाए तो योग-युक्त ग्रहों का फलादेश कहने में सुविधा हो जाती है।

विभिन्न लग्नों तथा विभिन्न भावों में इकट्ठे पड़े ग्रहों के कुछ उदाहरण प्रस्तुत किए जा रहे हैं।

नीचे दी जा रही दोनों कुंडलियाँ कर्क लग्न की हैं। सूर्य-मंगल का योग है। विभिन्न भावों का फलादेश देखिए–

कर्क लगन

कर्क लग्न के लिए मंगल पूर्ण योग कारक और शुभ है।
सूर्य मंगल मित्र है। सूर्य दूसरे भाव यानी धन का स्वामी है। दोनों की युति दसवें भाव में अत्यन्त शुभ है।

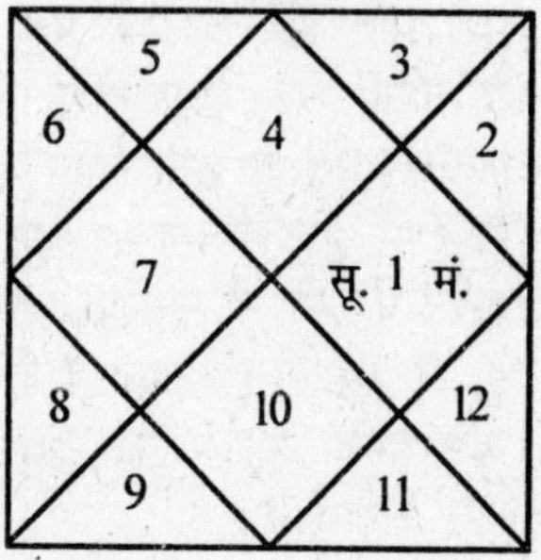

कर्क लगन

इन्हीं ग्रहों की युति अथवा योग यदि बारहवें भाव में है तो अधिक शुभ फल नहीं देगा। यहाँ भाव अशुभ है।

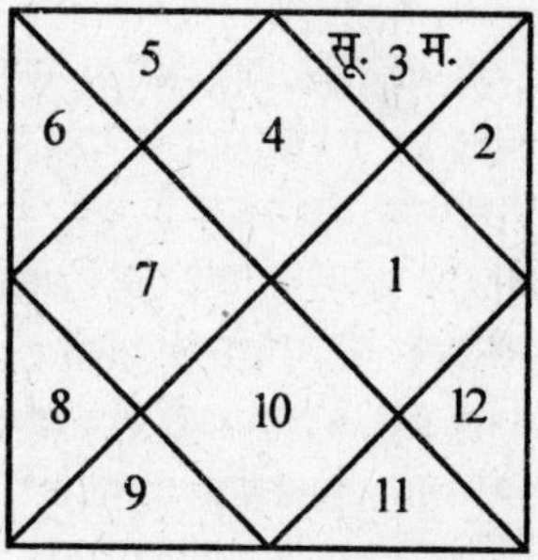

तुला लग्न से उदाहरण

तुला लगन

तुल लग्न में शनि अत्यन्त शुभ और योग कारक है। शुक्र लगन का स्वामी है। दोनों शुभ हैं। इनकी पाँचवें घर में युति अत्यन्त शुभ, भाग्य-वृद्धि कारक और श्रेष्ठ है।

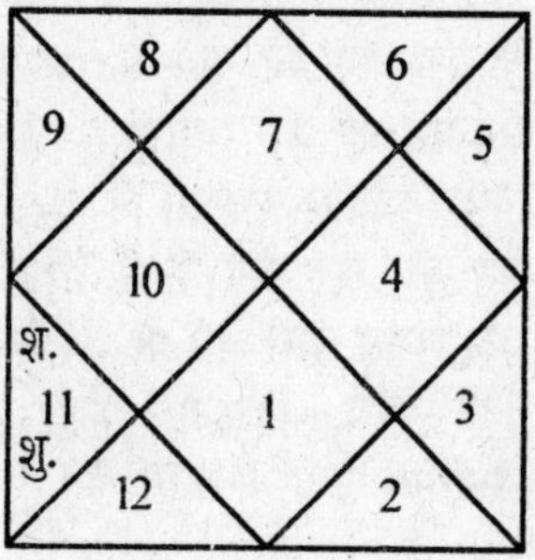

यही युति यदि ग्यारहवें भाव में हो तो दोनों ग्रह शत्रु राशि में कहे जाएँगे। भले ही शनि लगन में उच्च राशि पर दृष्टि डालता है। और पाँचवें अपने घर को भी सुरक्षित दृष्टि देता है, इस पर भी इस भाव में दोनों की युति पहली कुंडली की अवस्था से कुछ अप्रिय है।

तुला लगन

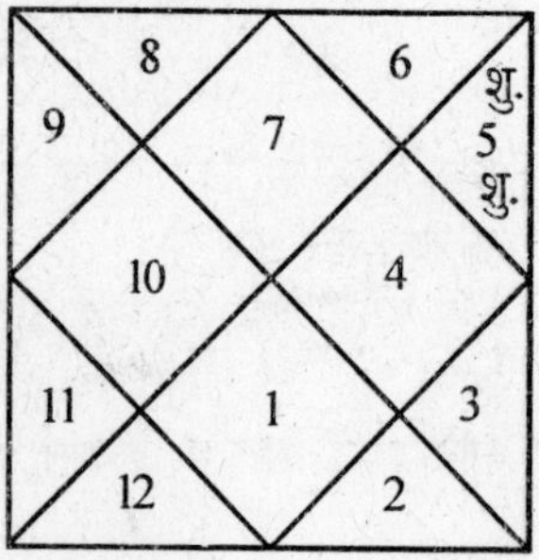

सिंह लगन से उदाहरण

सिहं लग्न के लिए मंगल, सूर्य, गुरु शुभ हैं। पाँचवाँ भाव अत्यन्त शुभ है, वहीं राहु भी स्थित है एक ही भाव में छह ग्रह हैं। संघर्ष एवं विरोध तथा सन्ताप के उपरान्त उन्नति, वृद्धि और यश प्रदान करते हैं। शनि, राहु की युति मानसिक कष्ट देती है।

सिंह लगन

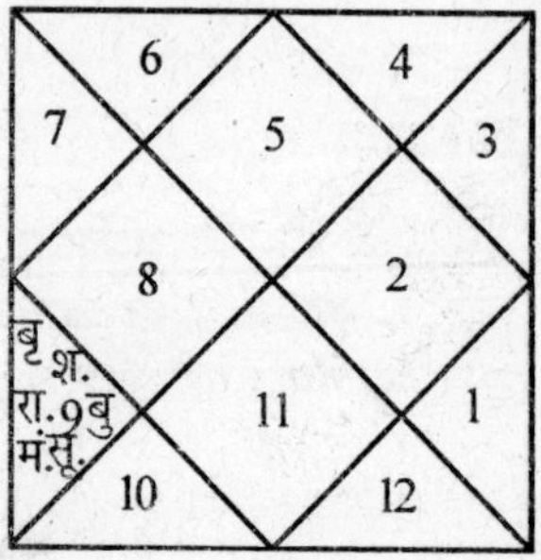

अब स्थिति छठे घर की है। छठा भाव अत्यन्त क्रूर और अशुभ है। इस भाव में छह ग्रहों की युति है। सभी ग्रह सर्वनाश की ओर उन्मुख हैं। अत्यन्त विपदा जनक अवस्था में हैं। शनि, राहु बुध एक वर्ग के हैं तथा सूर्य, गुरु, मंगल दूसरे वर्ग के हैं। निरन्तर दुःख, भय, निराशा, कलह तथा विपत्तियाँ उत्पन्न करते हैं।

सिंह लगन

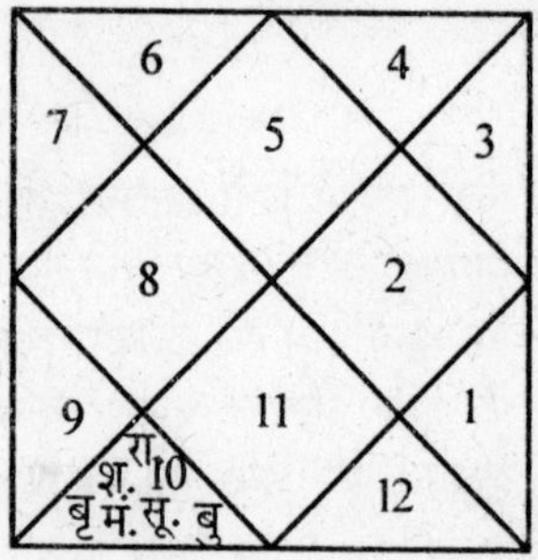

कुम्भ लगन का उदाहरण

सातवें भाव में चार ग्रहों की युति और योग है। कुम्भ लगन के लिए मंगल और गुरु अशुभ हैं। इसी भाव में शनि और राहु भी डेरा डाले हुए हैं। शनि लग्नेश है। अतः शुभ है परन्तु मंगल और गुरु से विरोध है, वहीं राहु भी शुभत्व को भंग करता है। परिणाम—सातवें यानी विवाह भाव में असन्तोष, कष्ट, विघ्न और विवाह विच्छेद।

कुम्भ लगन

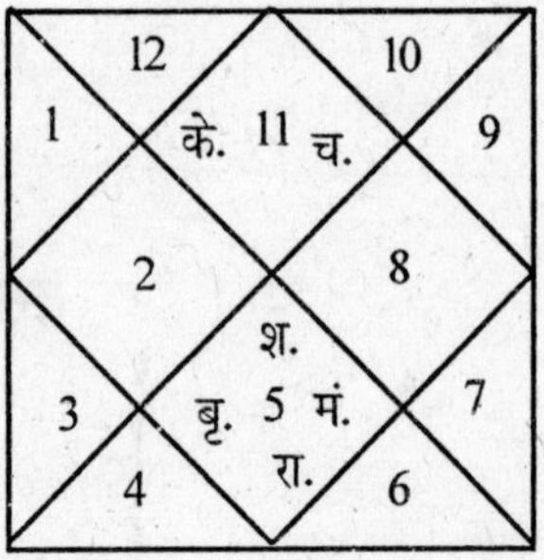

अब इसी युति को नवें भाव में देखिए। लग्नेश शनि उच्च राशि में है। अत्यन्त बलशाली और भाग्यशाली है। शेष ग्रह नवें यानी अत्यन्त शुभ भाव में आने पर शुभता ग्रहण करते हैं। विरोधी होने पर भी मंगल-गुरु इस अवस्था में भाग्य वृद्धि में सहयोग उत्पन्न करते हैं। राहु-शनि तो हैं ही शुभ।

कुम्भ लगन

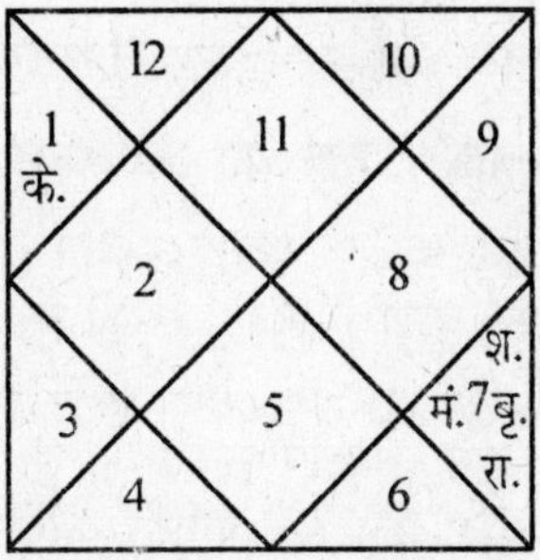

इस अध्याय में हमने आरम्भिक छात्रों के लिए ग्रहों के आपसी योगफल को समझने का सरल ढंग दर्शाया है। विस्तार के लिए अध्ययन जरूरी है।

दसवाँ अध्याय

दशा-चक्र
ग्रहों का कार्य-काल विधान
अष्टोत्तरी दशा
विंशोत्तरी दशा
योगिनी दशा
विंशोत्तरी दशा का विवरण, विस्तार एवं उदाहरण

दशा-चक्र : ग्रहों का कार्यकाल विधान

कोई जिज्ञासु जब अपना भविष्य जानने के लिए किसी ज्योतिषी या भविष्य वक्ता के पास जाता है भई! आपकी दशा ठीक नहीं है। कुंडली के अनुसार दशा अशुभ है तो उसे कई बार निम्न शब्द सुनने को मिलते हैं–

पुनः ज्योतिषी कहता है, हाँ, महादशा तो ठीक है परन्तु अन्तर्दशा अशुभ है। दशा ठीक होने तक प्रतीक्षा करनी होगी।

जातक की जन्म कुंडली के अनुसार जातक के जीवन के जिस काल खंड में जिस ग्रह का प्रभाव पड़ता है, उसे ग्रह-दशा कहते हैं।

महादशा गणना का आधार मुख्यतः नक्षत्र तथा उस नक्षत्र का स्वामी ग्रह है।

जन्म के समय चन्द्र जिस नक्षत्र में भ्रमण करता है उस नक्षत्र के स्वामी से जातक की कुंडली में महादशा आरम्भ होती है।

इस प्रकार स्पष्ट है कि महादशा का सम्बन्ध चन्द्र, जन्म के नक्षत्र तथा उस नक्षत्र के स्वामी ग्रह से है।

दशाएँ मुख्यतः तीन प्रकार की मानी गई हैं–

(क) अष्टोत्तरी दशा
(ख) विंशोत्तरी दशा
(ग) योगिनी दशा

उत्तर भारत में विंशोत्तरी दशा का प्रचलन अधिक है। इसी दशा के अनुसार जातक की कुण्डली में शुभ-अशुभ फल जाना जाता है।

इस दशा में मनुष्य की 120 वर्ष की आयु मानकर ग्रहों का काल-चक्र विभाजित किया जाता है। सूर्य से आरम्भ करके ग्रहों का दशा काल क्रमानुसार नीचे चित्र में स्पष्ट किया गया है।

शास्त्रीय पद्धति में इस दशा चक्र को निम्न ढंग से प्रकट किया गया है–

सू.	च.	मं.	रा.	बृ.	श.	बु.	के.	शु.
6	10	7	18	16	19	17	7	20

भुक्त और भोग्य

भुक्त किसी ग्रह की दशा का बीता काल यानी गुजर गया काल खंड है।

भोग्य वह काल खंड है जिसे जातक जन्म समय से भोगना आरम्भ करता है।

अपने पथ पर गतिशील चन्द्र किसी नक्षत्र के जिस भाग से गुजर चुका है उसे भुक्त काल कहते हैं।

पथ पर अग्रसर चन्द्र नक्षत्र के जिस भाग में प्रवेश पाने वाला है उसे ग्रह का भोग्य काल कहते हैं। सुहृदय पाठक की सामान्य जानकारी के लिए दशा चक्र को अग्रांकित चित्र से स्पष्ट किया जाता है।

चित्र पर दर्शायी कुंडली का विवरण इस प्रकार है–

जातक पुरुष

जन्म तिथि : 06-06-1983

जन्म समय : 5:50 सायं

जन्म स्थल : लुधियाना पंजाब

लग्न : वृश्चिक

चन्द्र : मीन राशि

जैसा कि चित्र में स्पष्ट है, चन्द्र मीन राशि में स्थित है।

इस राशि में तीन नक्षत्रों का योग है–(क) पूर्वभाद्रपद, (ख) उत्तर भाद्रपद, (ग) रेवती।

पूर्व भाद्रपद का स्वामी गुरु है। उत्तर भाद्रपद का स्वामी शनि है तथा रेवती नक्षत्र का स्वामी बुध है।

जातक के जन्म समय चन्द्र यदि (क) खंड में होता तो महादशा गुरु से आरम्भ होती; (ख) खंड में होने से महादशा शनि की होती, क्योंकि वर्तमान कुंडली में चन्द्र (ग) खंड यानी रेवती नक्षत्र में है अतः महादशा का आरम्भ बुध दशा से हो रहा है।

उक्त कुंडली में चन्द्र मीन राशि के 21^{0}-47 अंशों पर है। इसी अनुसार बुध की महादशा शेष यानी भोग्य रहेगी। नक्षत्र के किन अंशों तक महादशा का भुक्त एवं भोग्य काल बनता है, इसका विवरण पंचाग में उपलब्ध रहता है।

जातक की जन्म तिथि से महादशा का भोग्य काल जोड़कर अगली दशाएँ जोड़ दी जाती हैं।

दिए गए विवरण के अनुसार, जातक की कुंडली में चन्द्र स्पष्ट है–11-21-47 तथा बुध की भोग्य दशा है–10-4-13 यानी दस वर्ष, चार महीने, तेरह दिन। अब महादशा चक्रानुसार इसे स्पष्ट किया जाता है।

	सन्	महीना	दिन
जन्म तिथि	1983	06	06
महादशा बुध भोग्य	10	4	13
जोड़	1993	10	19

इससे आगे दशा चक्रानुसार केतु, शुक्र, सूर्य, चन्द्र आदि ग्रहों की महादशा को जोड़ते जाना है।

	1993	10	19
केतु महादशा	7	0	0
	2000	10	19
	20	00	00
	2020	10	19

इसी प्रकार अन्य दशाओं की गणना करें।

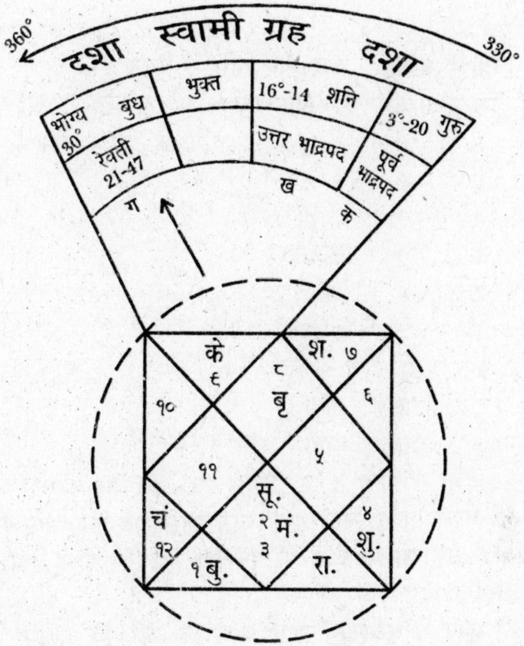

S 0 11
चन्द्र स्पष्ट : 11-21-47
यानी मीन राशि के 21°-47
अंशों पर

राशि-ग्रह-नक्षत्र तथा भुक्त और भोग्य का चित्र

जातक किस दिन कैसा भोजन करेगा, कैसे वस्त्र पहनेगा।

अन्तर्दशा तथा प्रत्यत्तर दशा

प्रत्येक ग्रह की महादशा में नौ ग्रहों का काल खंड निर्धारित किया गया है जिसे अन्तर्दशा कहते हैं

उदाहरण के लिए शुक्र की महादशा बीस वर्ष की है। इतना लम्बा समय केवल शुक्र ग्रह ही कुंडली का आधिपत्य नहीं करेगा। शुक्र की महादशा में शुक्र का अपना काल खंड तथा अन्य ग्रहों की अन्तर्दशाएँ इस प्रकार हैं।

शुक्र महादशा--कुल वर्ष-20

	वर्ष	महीना	दिन
शुक्र	3	4	0
सूर्य	1	0	0
चन्द्र	1	8	0
मंगल	1	2	0
राहु	3	0	0
गुरु	2	8	0
शनि	3	2	0
बुध	2	11	0
केतु	1	2	0
जोड़	20	00	00

शुक्र की अन्तर्दशा में यानी 3-4-0 (तीन वर्ष और चार महीनों) में पुनः नौ ग्रह क्रमावार अपना-अपना काल खंड प्राप्त करेंगे जिसे शास्त्रीय भाषा में प्रत्यन्तर कहा जता है। प्रत्येक ग्रह की महादशा में अन्तर्दशा, प्रत्यत्तर दशा तथा सूक्ष्मान्तर दशा का चक्र चलता है।

ग्रह दशा की सूक्ष्म से सूक्ष्मतम गणना करने पर यहाँ तक बताया जा सकता है कि जातक किस दिन कैसा भोजन करेगा, कैसे वस्त्र पहनेगा।

ग्यारहवाँ अध्याय

भिन्न लग्नों में ग्रहों का बदलता रंग एवं प्रभाव
ग्रह शुभ व अशुभ कैसे होते हैं?
एक ही ग्रह सज्जन और दुर्जन यानी पापी की भूमिका कैसे निभाता है।
सहज मित्र ग्रह लग्न बदलने पर कट्टर शत्रु कैसे बनते हैं।
मेष आदि बारह लग्नों में ग्रहों की शुभता, अशुभता तथा मौन स्थितियों का विवरण (पराशर पद्धति पर आधारित)

भिन्न लग्नों में ग्रहों का बदलता रंग एवं प्रभाव

सज्जन-पापी; शुभ-अशुभ; अच्छे-बुरे ग्रह कब और कैसे होते हैं? इस विषय पर भी विचार करना जरूरी है।

ज्योतिष को यदि एक खेल मान लिया जाए तो इसमें भाग लेने वाले खिलाड़ी बाहर राशियाँ, नौ ग्रह तथा सत्ताईस नक्षत्र माने जा सकते हैं। कुंडली के बारह घर इन खिलाड़ियों का क्रीड़ा स्थल (Play ground) है।

सभी ग्रह शुभ या अशुभ फल कुंडली में अपनी-अपनी स्थिति (Position) के अनुसार देते हैं।

कुछ ग्रह नैसर्गिक दृष्टि से शुभ माने जाते हैं और कुछ अशुभ। परन्तु कुंडली में स्थान के अनुसार कई बार शुभ ग्रह पूरी तरह अशुभ हो जाते हैं और अशुभ ग्रह पूर्णतया शुभ।

उदाहरण के लिए शनि ग्रह को अशुभ यानी पापी और क्रूर माना जाता है। नीचे दिए गए चित्रों में अपने स्वामित्व के अनुसार शनि शुभ या अशुभ हो जाता है।

कर्क लगन

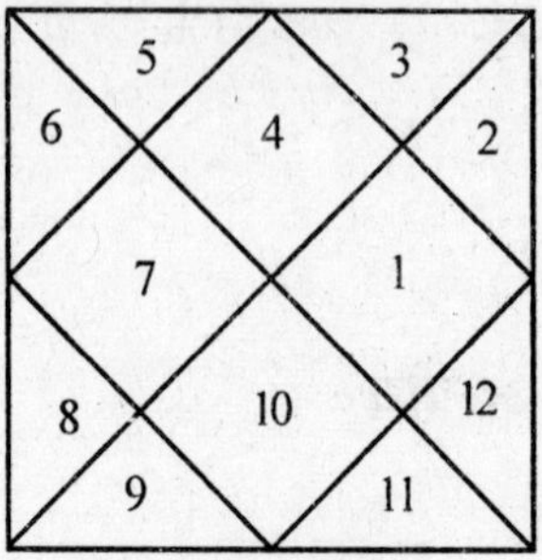

शनि-अशुभ-मार्केश

तुला लगन

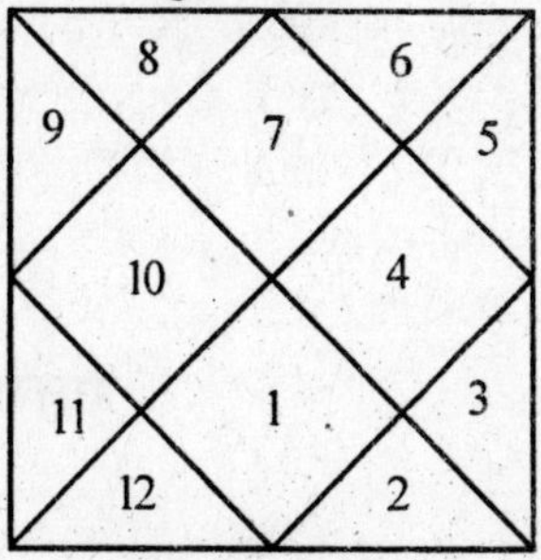

शनि पूर्णतया शुभ
योग कारक

इसी प्रकार दूसरा उदाहरण बृहस्पति से लिया जा सकता है। इस ग्रह को ज्योतिष शास्त्र में पूर्णतया शुभ माना जाता है। विभिन्न कुंडलियों में इसकी स्थिति नीचे चित्रों में स्पष्ट की गई है।

तुला लगन

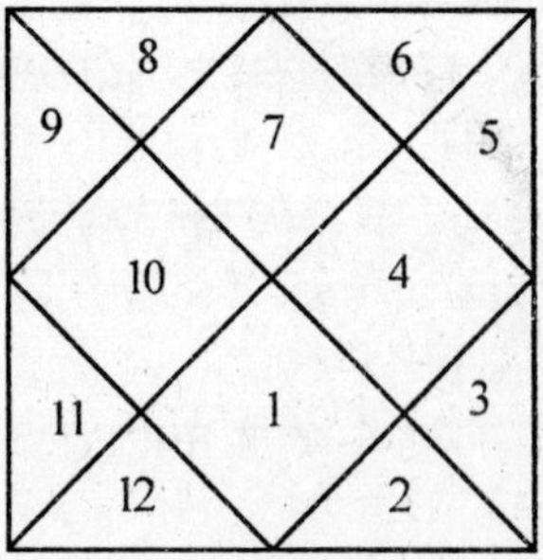

गुरु-अशुभ

वृश्चिक लगन

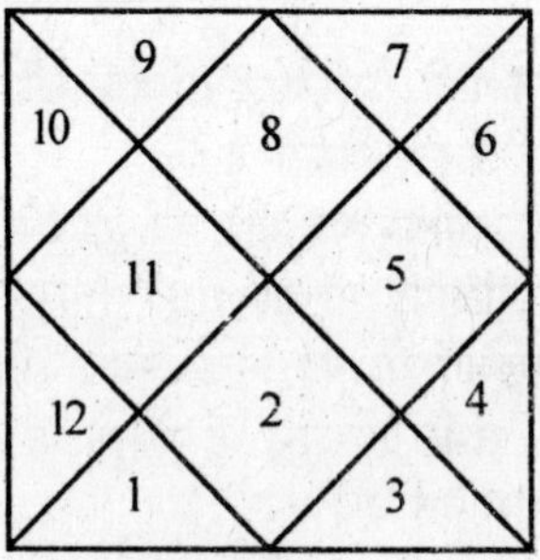

गुरु-पूर्ण शुभ

ग्रहों की शुभता और अशुभता को एक अन्य ढंग से भी स्पष्ट किया जा सकता है। क्रिकेट जगत के सभी प्रेमी जानते हैं कि कपिल देव, गवास्कर, गाँगुली तथा सचिन आदि क्रिकेट के विश्व विख्यात खिलाड़ी हैं। पत्र-पत्रिकाओं में इनकी सदा चर्चा रहती है। ये सभी खिलाड़ी क्रिकेट में पूर्णतया सिद्धहस्त यानी निपुण (ज्योतिष की भाषा में शुभ है।) छक्के पर छक्का लगाने के लिए प्रसिद्ध हैं। परन्तु कई बार ये खिलाड़ी बिना कोई 'रन' बनाए 'आऊट' हो जाते हैं। कह दिया जाता है 'पिच' ठीक नहीं थी। जो हीरो है, जीरो हो जाता है।

कई बार अत्यन्त सामान्य खिलाड़ी शतक बना लेता है। कहने का भाच यह कि (Play ground) में इनकी सही स्थिति को आँका जाता है। ठीक इसी प्रकार कुंडली के भीतर के खेल में सभी ग्रहों की शुभता और अशुभता का निर्णय होता है।

'ज्योतिष का पहला पाठ' होने से यहाँ इस विषय की अधिक सूक्ष्मता से चर्चा नहीं की जा रही। इस विषय पर विस्तार से तथा विधिवत् ढंग से 'ज्योतिष का दूसरा पाठ' में चर्चा की जाएगी।

मात्र व्यावहारिक दृष्टि से शुभ तथा अशुभ घरों का विवरण नीचे चित्र में दिया गया है।

चित्र

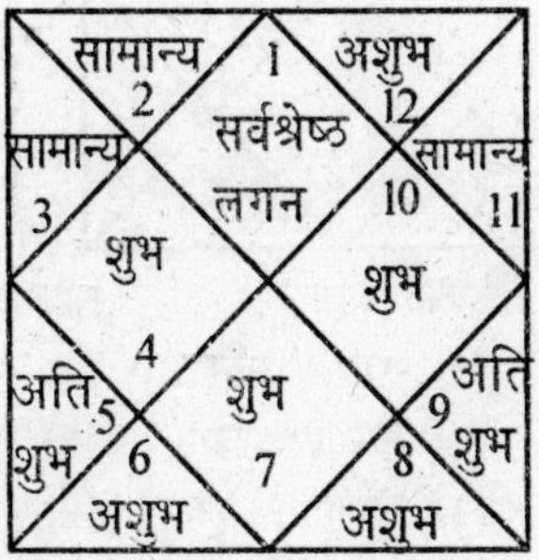

दर्शाए चित्र के अनुसार

अति शुभ एवं सर्वश्रेष्ट घर—पहला, पाँचवाँ, नवाँ

अत्यन्त श्रेष्ठ लगभग गोल्डन—पाँचवाँ, नवाँ

शुभ घर—पहला, चौथा, सातवाँ, दसवाँ

सामान्य घर—दूसरा, तीसरा, ग्यारहवाँ

अति अशुभ—छठा, आठवाँ, बारहवाँ

शुभ धरों में स्थित ग्रह शुभ फलदायक हैं तथा अशुभ घरों से सम्बन्ध रखने वाले ग्रह अशुभ फलदायक हैं।

उक्त चित्र में केवल जानकारी के लिए ही घरों यानी भावों का वर्गीकरण किया गया है।

कई बार ग्रह आपसी सम्बन्धों तथा उत्तम नक्षत्रों में स्थित होने पर वैसा फल देते हैं। कुंडली के बारह घरों (भावों) में कौन-सा भाव शुभ है, कौन-सा सामान्य तथा कौन-सा अशुभ इसका परिचय ज्योतिष के प्रत्येक ऐसे पाठक को होना ही चाहिए जो इस विद्या में प्रविष्ट होने के लिए प्रत्याशी है।

विभिन्न लगनों में शुभ और अशुभ ग्रह बदलते रहते हैं। किसी एक लगन

में जो ग्रह योग कारक यानी शुभ फल देने वाला है, वही ग्रह किसी दूसरे लगन में अशुभ हो जाता है।

विभिन्न लगनों में शुभ, सामान्य तथा अशुभ फलदायक ग्रहों का विवरण और अधिक विस्तार से दिया जा रहा है।

मेष लग्न कुंडली

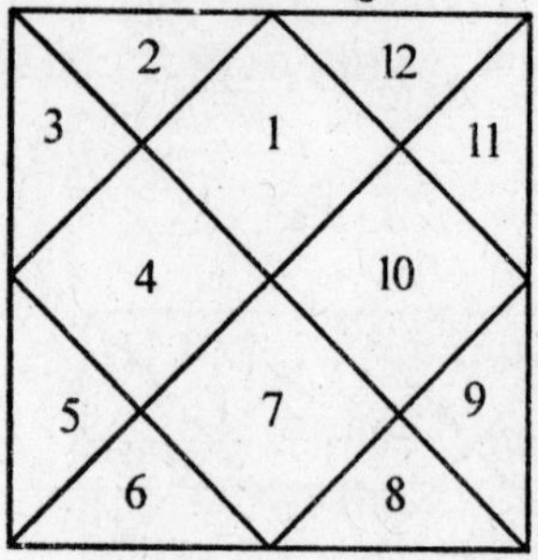

सफल योग	हल्का योग	निष्फल योग
(1) सूर्य + मंगल	(1) सूर्य + शनि	(1) गुरु + शनि
(2) सूर्य + चन्द्र	(2) सूर्य + शुक्र	(2) गुरु + शुक्र
	(3) मंगल + गुरु	(2) गुरु + चन्द्र
	(4) चन्द्र + गुरु	

सफल योग–(1) यहाँ मेष लग्न में सूर्य पंचम स्थान अर्थात् त्रिकोण का स्वामी होने से शुभ हैं, तथा मंगल पहले और आठवें स्थान का स्वामी होने के कारण शुभ है। अतः उनका योग केन्द्रेश और त्रिकोणेश होने के कारण सफल योग माना जाता है।

(2) सूर्य त्रिकोणेश और चन्द्र केन्द्रेश होने से उनका योग सफल होता है, इसमें चन्द्र क्षीण भी हो तब भी सफल योग माना जाएगा।

हल्का योग–(1) यहाँ सूर्य त्रिकोण का स्वामी और शनि दशम स्थान के केन्द्र का स्वामी होकर इनके सम्बन्ध में योग बनाता है। परन्तु शनि साथ ही ग्यारहवें स्थान का स्वामी होने से दूषित है। इस कारण से यहा योग हल्का माना जाएगा।

(2) सूर्य त्रिकोण और शुक्र सप्तमेश अर्थात् केन्द्र का स्वामी है, इनका सम्बन्ध योगकारक बनता है। परन्तु सप्तमेश होने से शुक्र दूषित है, अतः यह योग हल्का होगा।

(3) मंगल लग्न अर्थात् केन्द्र का स्वामी और गुरु नवम स्थान अर्थात् त्रिकोण का स्वामी है। इन दोनों के सम्बन्ध से योग बनता है। परन्तु गुरु द्वादशेश होने से परतन्त्र होकर दूषित बनता है, एतदर्थ इनका योग हल्का योग बनेगा।

(4) कारक योग बनने में क्षीणचन्द्र हो तो भी शुभ माना गया है, परन्तु उसके साथ गुरु दोषयुक्त होकर सम्बन्ध करे तो हल्का योग होता है।

निष्फल योग–(1) मेष लग्न में शनि ग्यारहवें स्थान का और गुरु बाहरवें स्थान का स्वामी होने से इनका योग निष्फल होता है।

(2) गुरु बाहरवें स्थान का स्वामी और शुक्र सातवें स्थान का स्वामी होने से इनका योग निष्फल होता है।

(3) यदि चन्द्र पाप हो और गुरु दूषित होकर उसके साथ सम्बन्ध करे, तो योग निष्फल होता है।

वृष लग्न कुंडली

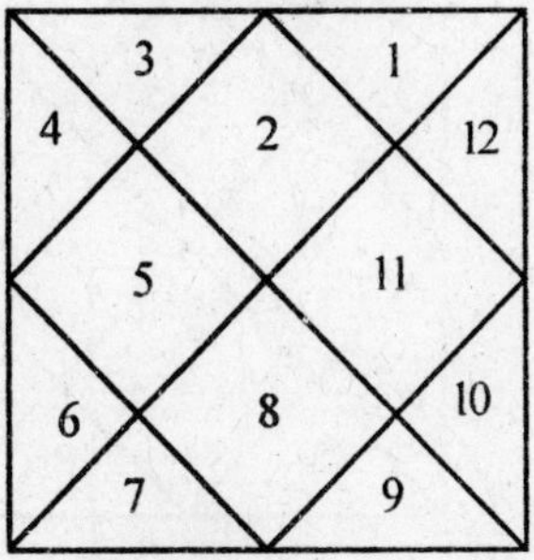

सफल योग	हल्का योग	निष्फल योग
(1) शनि + अकेला	(1) मंगल + शनि	(1) शुक्र + बुध
(2) शनि + बुध	(2) शुक्र + शनि	(2) मंगल + बुध
(3) सूर्य + शनि	(3) सूर्य + बुध	

सफल योग–(1) वृष लग्न में अकेला शनि, नवमेश व दशमेश होने से, कारक-योगकर्ता बनता है, क्योंकि यहाँ शनि केन्द्रेश और त्रिकोणेश दोनों प्रकार से शुभ बनता है, अतः यह अत्युत्तम योगकर्ता माना जाता है।

(2) यहाँ शनि शुभ है, केन्द्रेश भी होने के कारण पंचमेश बुध के साथ सम्बन्ध करे तो वह योगकारक बनता है। यद्यपि इस योग में बुध द्वितीयेश होने से अशुभ है, परन्तु वह त्रिकोणेश होने से अशुभ नहीं माना जाएगा, अपितु अतिशुभ, शनि के साथ सम्बन्ध करने से सफल योगकारक बन जाता है।

(3) सूर्य-शनि दोनों शुभ होने से इनका सम्बन्ध योगकारक बनता है, क्योंकि यहाँ सूर्य केन्द्रेश और शनि त्रिकोणेश है।

हल्का योग–(1) शनि और मंगल के योग में, मंगल सातवें मारक स्थान का और बाहरवें स्थान का स्वामी होने से दूषित है, एतदर्थ इनका, योग हल्का माना जाता है।

(2) यहाँ शुक्र-शनि के सम्बन्ध में, शुक्र त्रि-षट्-आय का पति होने से दूषित है, साथ ही केन्द्रेश होने से पापी है, एतदर्थ इनका योग हल्का होता है।

(3) यहाँ सूर्य बुध के सम्बन्ध में यदि बुध को द्वितीयेश के कारण प्रबल

मारकेश समझने में आवे तो पाप बनता है, एतदर्थ यह रोग सदोष हल्का मानते हैं। कई विद्वान् इस योग को केन्द्रेश त्रिकोणेश शुभयोग मानकर 'सफल राजयोग' मानते हैं, यहाँ बुध का बलाबल विचार कर सफल योग मानना चाहिए।

निष्फल योग--(1) वृष लग्न में शुक्र और बुध दोनों दूषित हैं। (2) ऐसे ही मंगल और बुध इन दोनों के सम्बन्ध में दोनों दूषित हैं, अतः इनका सम्बन्ध निष्फल योगकर्ता बनता है।

मिथुन लग्न कुंडली

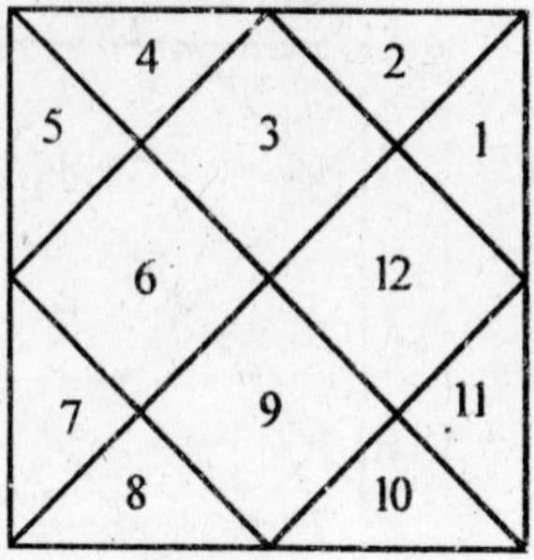

सफल योग	निष्फल योग
(1) बुध + शुक्र	(1) गुरु + शुक्र
	(2) गुरु + शनि
	(3) बुध + शनि

सफल योग--(1) इस मिथुन कुंडली में केवल एक ही सफल राजयोग बनता है, वह भी मध्यपाराशरी के अनुसार, शुक्र और बुध के सम्बन्ध में बनता है।

निष्फल योग--(1) मिथुन लग्न में बुध, गुरु, शुक्र और शनि यही चार ग्रह योगकारक हो सकते हैं। इनमें एक भी ग्रह ऐसा नहीं जिसमें कोई दोष न हो। इसलिए इस कुंडली में एक भी सर्वश्रेष्ठ (अत्युत्तम) योग नहीं बनता। मध्यम हल्के योग बनते हैं।

कर्क लग्न कुडली

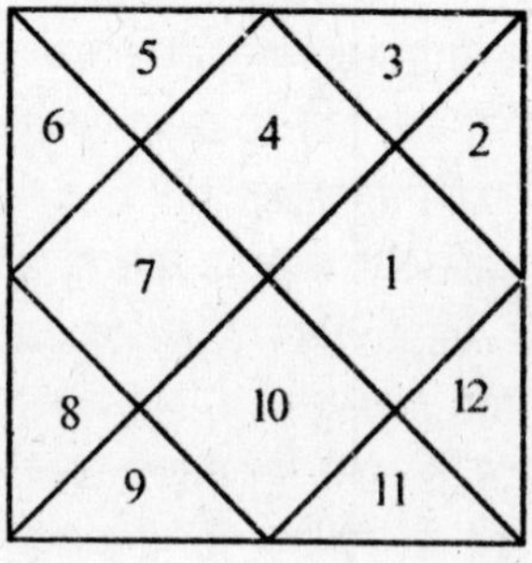

सफल योग	हल्का योग	निष्फल योग
(1) चन्द्र + मंगल	(1) मंगल + शनि	(1) गुरु + शुक्र
(2) मंगल + अकेला	(2) चन्द्र + गुरु	(2) गुरु + शनि
	(3) मंगल + शुक्र	
	(4) मंगल + गुरु	

सफल योग--(1) यहाँ कर्क लग्न में चन्द्र क्षीण (पाप) केन्द्रेश है। पाप-ग्रह नियमानुसार शुभ फल देता है और मंगल त्रिकोण तथा केन्द्र का स्वामी होने से शुभ योगकारक बनता है। इसलिए चन्द्र-मंगल का योग सफल बनता है। परन्तु इसमें क्षीण चन्द्र हो, तभी योगकारक बनेगा, अन्यथा नहीं

(2) उपरोक्तवत् केवल अकेला मंगल योगकारक बनता है।

हल्का योग–(1) मंगल स्वयं योगकारक और अतिशुभ होते हुए भी के साथ योग करे, तो योग में न्यूनता हल्कापन आ जाता है।

(2) चन्द्र (क्षीण चन्द्र) यदि गुरु त्रिकोणेश के साथ योग करे तो योग बनता है, परन्तु यहाँ गुरु षष्ठेश होने से सदोष (हल्का) योग बनेगा।

(3) मंगल का शुक्र के साथ सम्बन्ध होने से योग बनता है। परन्तु यहाँ शुक्र के एकादशेश होने से दूषित (हल्का) योग बनेगा।

(4) मंगल का गुरु के साथ सम्बन्ध होने से योग बनता है। परन्तु यहाँ गुरु षष्ठेश भी होने से हल्का सदोष योग बनेगा।

निष्फल योग–(1) गुरु और शुक्र, जो कि त्रिकोण और केन्द्र के स्वामी होते हुए भी त्रि-षट्-आय स्थानों के स्वामी होने के कारण दोनों दूषित हैं, अतः ये निष्फल योग बनता है।

(2) गुरु और शनि में से गुरु त्रिषडायेश के कारण तथा शनि अष्टमेश और मारकेश होने से दोनों दूषित हैं; एतदर्थ इनका योग निष्फल होगा।

सिंह लग्न कुंडली

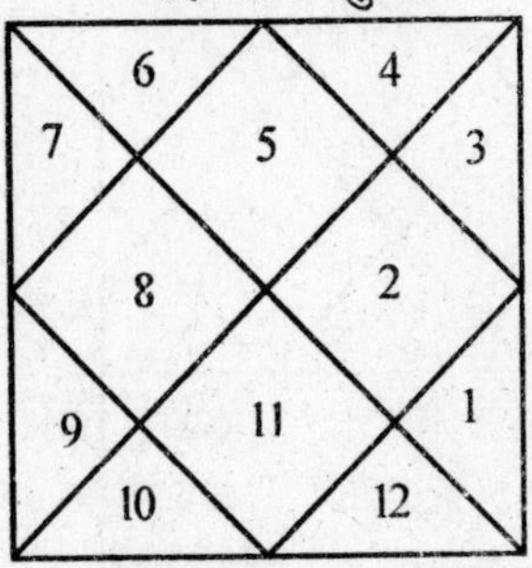

सफल योग	हल्का योग	निष्फल योग
(1) मंगल अकेला	(1) सूर्य + गुरु	(1) मंगल + शनि

(2) मंगल + सूर्य (2) मंगल + गुरु (2) गुरु + शुक्र

(3) मंगल + शुक्र (3) गुरु + शनि

सफल योग—(1) मंगल के चतुर्थ व नवमेश होने से स्वयं अकेला ही योगकारक है।

(2) सूर्य लग्नेश होने के कारण पराशरी मतानुसार शुभ फलप्रद है, उसके साथ मंगल का योग होने से उत्तमोत्तम राजयोग बनता है।

हल्का योग—(1) सूर्य का गुरु के साथ सम्बन्ध हो तो दोषयुक्त हल्का योग बनता है क्योंकि गुरु अष्टमेश है।

(2) मंगल का गुरु के साथ सम्बन्ध हो तो हल्का योग बनता है क्योंकि यहाँ गुरु अष्टमेश होने से सदोष है।

(3) शुक्र-मंगल का योग हल्का माना जाता है, क्योंकि यहाँ शुक्र तृतीयेश सदोष होकर सम्बन्ध करेगा।

निष्फल योग—(1) मंगल शुभयोग कारक होते हुए भी उसके साथ षष्ठेश तथा मारकेश शनि का सम्बन्ध योग निष्फल बनेगा।

(2) यहाँ गुरु व शुक्र के सम्बन्ध में योग निष्फल बनेगा, क्योंकि गुरु अष्टमेश होने के कारण दूषित है, उधर शुक्र केन्द्रेश और तृतीयेश होने से दोनों ही दूषित हैं।

(3) शनि-गुरु के सम्बन्ध से योग निष्फल बनता है, क्योंकि शनि षष्ठेश ओर मारक-स्थान का स्वामी होने से दूषित है और गुरु अष्टमेश होने से दूषित है, अतः निष्फल-योगकारक हैं।

कन्या कुंडली

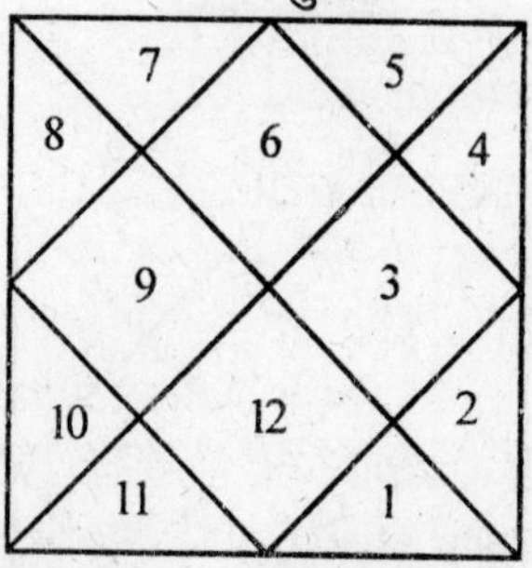

सफल योग	हल्का योग	निष्फल योग
(1) बुध + शुक्र	(1) बुध-शनि	(1) गुरु + शुक्र
		(2) गुरु + शनि

सफल योग—यहाँ कन्यालग्न में शुक्र द्वितीयेश होने के कारण यद्यपि दोषयुक्त

है फिर भी अतिशुभ स्थान नवमेश होने से सफल राजयोग कारक बन जाता है।

हल्का योग–बुध के साथ शनि-सम्बन्ध से हल्का योग बनता है क्योंकि शनि यद्यपि पंचमेश है, परन्तु षष्ठेश होने से इस योग में यह अकेला दूषित है।

निष्फल योग–(1) गुरु-शुक्र के सम्बन्ध से निष्फलयोग बनेगा। क्योंकि गुरु दोनों केन्द्रों का स्वामी होने से विशेष अशुभ फलप्रद है और शुक्र द्वितीय स्थान मारकेश होने से अशुभ है। अतः योगकर्ता दोनों ही अशुभ होने के कारण योग निष्फल सिद्ध होगा।

(2) शनि त्रिकोण पंचम का स्वामी होते हुए भी षष्ठेश होने से दूषित है और गुरु दोनों केन्द्रों का स्वामी होने से अशुभ है, एतदर्थ इनके सम्बन्ध में निष्फल योग बनेगा।

तुला लग्न कुंडली

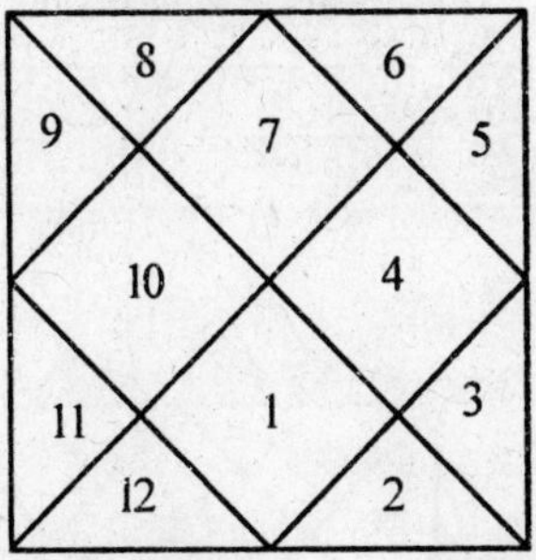

सफल योग	हल्का योग	निष्फल योग
(1) शुक्र + शनि	(1) मंगल + शनि	(1) मंगल + बुध
(2) शनि + अकेला		
(3) बुध + शनि		
(4) चन्द्र + शनि		
(5) चन्द्र + बुध		
(6) बुध + गुरु		

सफल योग–तुलालग्न में शनि-शुक्र के सम्बन्ध में सफल योग बनता है, क्योंकि शुक्र लग्नेश होकर अष्टमेश है और साथ ही शनि स्वयं केन्द्रेश और त्रिकोणेश होने से योगकर्ता बन रहा है। अतः इनका योग सफल माना जाता है।

(2) केवल शनि स्वयं केन्द्रेश व त्रिकोणेश होने से शुभयोग कारक ग्रह है।

(3) बुध द्वादशेश और नवमेश है। इसलिए उसमें परतन्त्रता का दोष आ सकता है। परन्तु वह बलवान् नवमस्थान का स्वामी होकर यदि केन्द्रेश के साथ सम्बन्ध करे तो सफल योग होता है, एतदर्थ यहाँ बुध का शनि के साथ योग सफल है।

(4) यहाँ तुलालग्न में चन्द्रमा दशमेश है, यह यदि क्षीण हो तो शुभ बनता है। इस क्षीणचन्द्र का त्रिकोणेश शनि के साथ सम्बन्ध हो तो सफल योग बनता

है; क्योंकि दोनों शुभ हैं।

(5) उपरोक्तवत् दशमेश क्षीणचन्द्र (जो पाप होने से शुभ है) का बलवान् त्रिकोणेश-बुध के साथ सम्बन्ध हो तो सफलयोग है।

(6) बुध द्वादशेश और नवमेश है, उसमें पारतन्त्र्य-दोष है, ऐसा बुध यदि अष्टम में शुक्र (जो लग्नेश होकर शुभ बना है), के साथ सम्बन्ध करे तो अपना पारतन्त्र्य छोड़कर सफलराजयोग बनाता है।

हल्का योग–(1) यहाँ मंगल सदोष है, परन्तु यदि शनि साथ सम्बन्ध करे तो न्यूनफलप्रद (हल्का) योग बनता है; क्योंकि बलवान योगकारक त्रिकोणेश शनि और मंगल इन दो ग्रहों में से अकेला मंगल ही सदोषी है।

निष्फल योग–(1) मंगल द्वितीय (मारक) स्थान का स्वामी होकर सदोष है। साथ ही सातवाँ स्थान (दूसरे मारक स्थान) का भी स्वामी है, एतदर्थ मंगल विशेष रूप से दूषित है, उधर बुध में द्वादशेश के स्वामी की वजह से सदोषपन है, यदि यहाँ केन्द्रेश मंगल और त्रिकोणेश बुध का परस्पर योग हो तो निष्फल होता है क्योंकि ये दोनों सदोष हैं।

वृश्चिक लग्न कुंडली

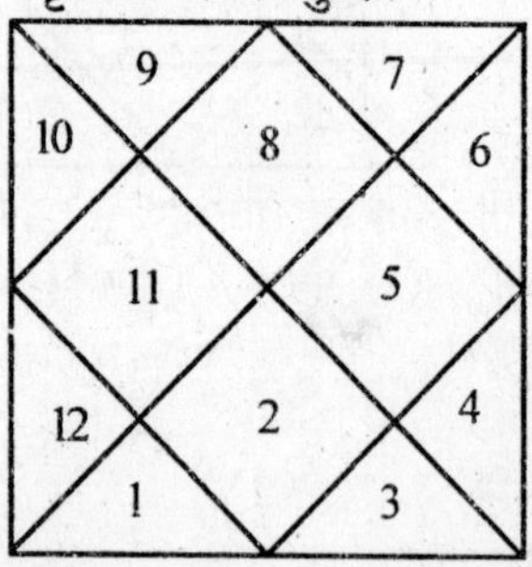

सफल योग	हल्का योग	निष्फल योग
(1) सूर्य + चन्द्र	(1) चन्द्र + मंगल	(1) मंगल + गुरु
	(2) चन्द्र + शनि	(2) गुरु + शुक्र
	(3) चन्द्र + शुक्र	(3) गुरु + शनि
	(4) सूर्य + गुरु	

सफल योग–(1) वृश्चिक लग्न में सूर्य-चन्द्र क्रमशः केन्द्र एवं त्रिकोण के स्वामी होने के कारण शुभ ग्रह बने हैं। एतदर्थ इस लग्न में इनका सम्बन्ध विशेष उत्कृष्ट सफलयोग बनाता है।

हल्का योग–(1) चन्द्र-मंगल के सम्बन्ध से जो योग बनेगा, वह हल्का न्यूनफलप्रद बनेगा; क्योंकि चन्द्र तो त्रिकोणेश होने से अतिशुभ है परन्तु मंगल लग्नेश होकर षष्ठेश बना है और षष्ठेश होने की वजह से दूषित है।

(2) उपरोक्तवत् शनि का चन्द्र के साथ सम्बन्ध होने से हल्का योग बनता है; क्योंकि यहाँ शनि चतुर्थेश होकर सम्बन्ध करेगा। यह तो ठीक है परन्तु तृतीयेश भी होने के कारण दूषित है।

(3) यही चन्द्र शुक्र सम्बन्ध का हाल है; क्योंकि शुक्र व्ययेश होने के साथ परतन्त्रत्व के कारण तथा केन्द्रेश की वजह से पापत्व के कारण दूषित है; अतः हल्का योग बनता है।

(4) सूर्य गुरु के सम्बन्ध से भी हल्का योग बनता है। क्योंकि यहाँ गुरु द्वितीयेश होने के कारण दूषित है, अतः न्यूनफलप्रद (हल्का) योग है।

निष्फल योग–(1) लग्नेश षष्ठेश होने से मंगल सदोष है, ऐसे ही द्वितीयेश होने से गुरु में भी दोष की सम्भावना से यह योग निष्फल है।

(2) शुक्र के द्वितीयेश होने की वजह से दूषित होने की सम्भावना रहती है और सप्तमेश के कारण पापग्रह तो है ही उससे यदि गुरु परतन्त्रत्व से दूषित बनकर योग करे तो वह निष्फल होता है, जो इन ग्रहों में से गुरु दूषित न बनता हो तो हल्कायोग बनता है। ध्यान रहे, कि गुरु में मारकेश की वजह से पापत्व आता है। गुरु-शनि का योग भी ऐसा ही निष्फल है।

धनु लग्न कुंडली

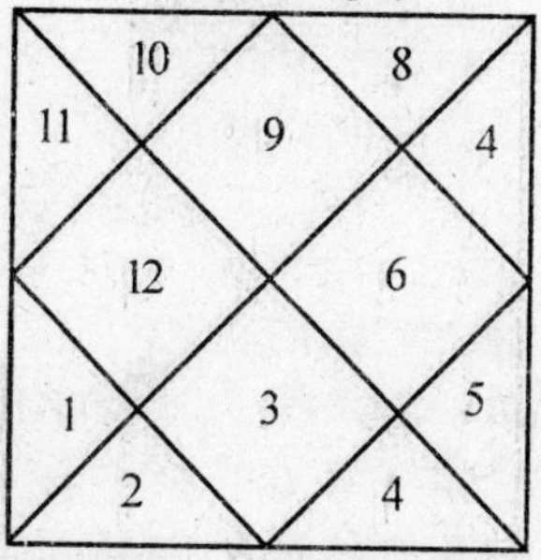

सफल योग	हल्का योग	निष्फल योग
(1) बुध + सूर्य	(1) मंगल + गुरु	(1) मंगल + बुध
	(2) सूर्य + गुरु	

सफल योग–(1) बुध सप्तमेश और दशमेश है। इतर शास्त्रनुसार बुध मिश्र-प्रकृति वाला ग्रह है। परन्तु इसका बलवान् त्रिकोणेश सूर्य के साथ योग, सफल-योग माना जाता है।

हल्का योग–(1) मंगल की मिश्रप्रकृति के साथ केन्द्रेश होकर पाप बना गुरु का योग सदोष हल्का बनता है।

(2) सूर्य-गुरु का योग हल्का माना जाता है क्योंकि केन्द्रेश होने के कारण गुरु पापी है, इस दोष के कारण अतिशुभ सूर्य के साथ इसका योग कुछ न्यूनफलप्रद

माना जाता है।

निष्फल योग—(1) मंगल पंचमेश होकर द्वादशेश भी है, अतः इसका दूषित होना सम्भावित है। बुध मिश्रग्रह है, अतः इसका योग निष्फल है।

मकर लग्न कुंडली

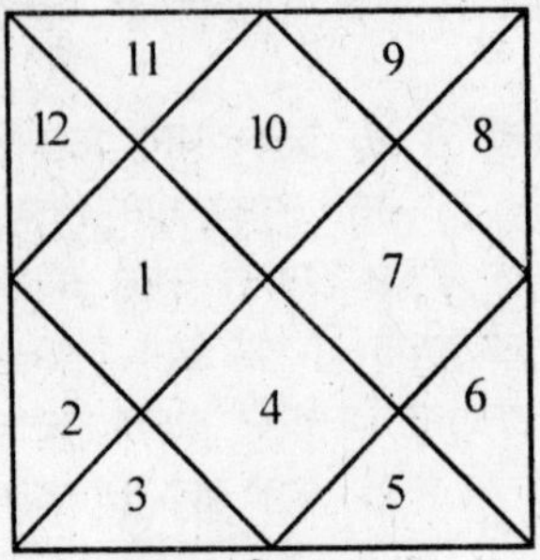

सफल योग	हल्का योग
(1) शुक्र + अकेला	(1) मंगल + शुक्र
(2) शुक्र + शनि	(2) बुध + शनि
(3) बुध + शुक्र	(3) चन्द्र + बुध
	(4) चन्द्र + शुक्र
	(5) मंगल + बुध

सफल योग—(1) केन्द्र व त्रिकोण का स्वामी होने से शुक्र स्वयं योगकारक बनता है। यहाँ शुक्र को, केन्द्रेश शुभग्रह के कारण पापत्व प्राप्त होता है परन्तु त्रिकोणेश होने के कारण यह दोष नहीं लगता।

(2) शुक्र शनि का योग सफल बनता है; क्योंकि शुक्र को त्रिकोणेश की वजह से शुभ मानकर केन्द्रेश शनि के साथ योग शुभकारक बनता है।

(3) बुध जो कि त्रिषडायेश होता हुआ यहाँ बलवान त्रिकोणेश भी होकर मिश्र बन जाता है, उसका केन्द्रेश शुक्र (जो कि दशमेश है) के साथ योग सफल बनाता है।

हल्का योग—(1) केन्द्रेश मंगल एकादेश भी है, अतः दूषित है। उसका त्रिकोणेश शुक्र के साथ योग न्यूनफलप्रद (हल्का) योग बनता है।

(2) बुध त्रिकोणेश होने के कारण षष्ठेशत्व से दूषित नहीं माना गया। बुध का लग्नेश व द्वितीयेश शनि के साथ सम्बन्ध न्यूनफलप्रद (हल्का योग) बनता है क्योंकि यहाँ शनि द्वितीयेश होने से दूषित है।

(3) क्षीणचन्द्र केन्द्रेश होने से शुभ बनता है। परन्तु सप्तमेश होने के कारण दूषित भी है। इसलिए उसका बुध के साथ हल्का योग बनता है।

(4) उपरोक्तवत् चन्द्र का त्रिकोणेश शुक्र के साथ योग भी हल्का बनता है।

(5) यहाँ मंगल चतुर्थेश होता हुआ त्रिषडायेश भी बना है, उधर बुध नवमेश होता हुआ षष्ठेश भी है। परन्तु बलवान् त्रिकोणेश होने से न्यूनफलप्रद योग बनता है।

कुम्भ लग्न कुंडली

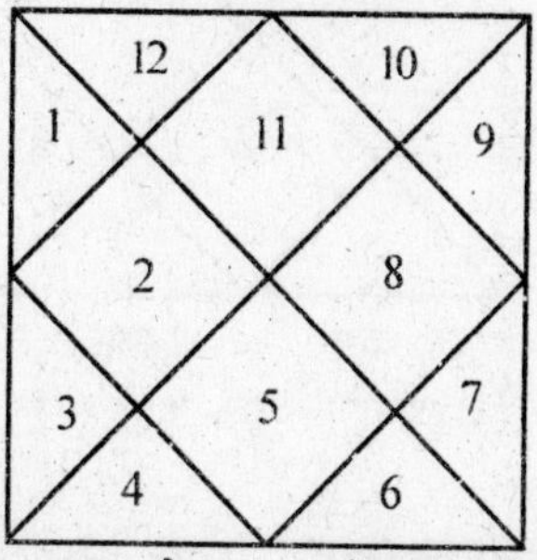

सफल योग	हल्का योग	निष्फल योग
(1) शुक्र + अकेला	(1) शनि + शुक्र	(1) सूर्य + बुध
(2) बुध + शनि	(2) बुध + शुक्र	
	(3) मंगल + शुक्र	
	(4) सूर्य + शुक्र	

सफल योग–(1) इस लग्न में शुक्र चतुर्थेश और बलवान् त्रिकोण नवमेश होकर स्वयं योगकर्ता बना है, अतः इस कुंडली में शुक्र सफल-राज योगकारक है।

(2) बुध त्रिकोणेश है, इसलिए उसके साथ केन्द्रेश शुक्र का योग सफलयोग बनाता है।

हल्का योग–(1) शुक्र शुभ ग्रह है और शनि मिश्र है; क्योंकि वह द्वादशेश होने से परतन्त्र है, अतः इन दोनों का योग न्यूनफलप्रद बनता है।

(2) यहाँ त्रिकोणेश बुध अष्टमेश होने की वजह से पाप-प्रकृति-युक्त है। अतः उसके साथ केन्द्रेश शुक्र का योग न्यूनफलप्रद बनाता है।

(3) मंगल केन्द्रेश होता हुआ तृतीयेश भी बना है, अतः दूषित है। इसके साथ त्रिकोणेश होने से शुक्र का योग न्यूनफल वाला बनता है।

(4) सूर्य सप्तमेश होने से पाप है, इसको त्रिकोणेश शुक्र का सम्बन्ध न्यूनफल वाला बनता है।

निष्फल योग–(1) सूर्य सप्तमेश होने से दूषित है, उसके साथ अष्टमेश होने से बुध भी दूषित बनकर अपने त्रिकोणेशत्व के महत्व को धूमिल करता है, अतः इस लग्न में सूर्य-बुध का योग निष्फल है।

मीन लग्न कुंडली

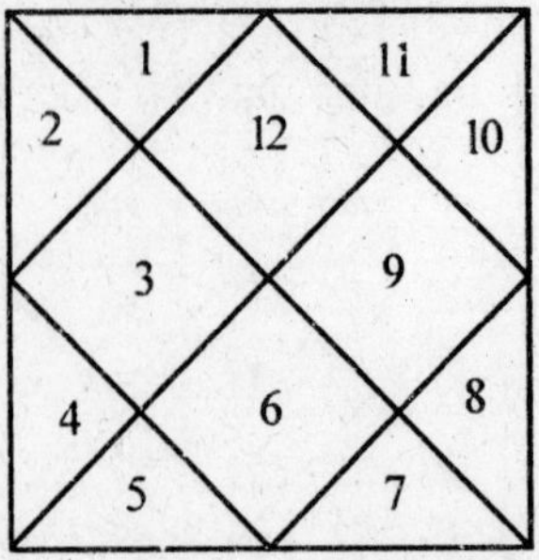

सफल योग	हल्का योग	निष्फल योग
(1) चन्द्र + गुरु	(1) चन्द्र + बुध	(1) मंगल + बुध
(2) मंगल + गुरु		

सफल योग–(1) चन्द्रमा पंचमेश अर्थात् त्रिकोणेश है, उसका दशमेश गुरु के साथ योग सफल माना जाता है।

(2) यहाँ मंगल-गुरु का योग सफल माना गया है क्योंकि मंगल यद्यपि द्वितीयेश है तथापि नवमेश होने की बजह से अतिशुभ माना गया है–इसका दशमेश गुरु के साथ सम्बन्ध शुभ है।

विशेष–इन दोनों योगों में गुरु को शुभ माना गया है, परन्तु वास्तव में गुरु लग्नेश और दशमेश होने से नियमानुसार अशुभ है। उसके साथ चन्द्र व मंगल का सम्पूर्ण सफलयोग बनता नहीं है। परन्तु मध्यपाराशरी के पाठ में ऐसा लिखा मिलता है, कि–मीन लग्न में मंगल-गुरु का और चन्द्र-गुरु का योग सफल योग है। (हमारे विचार में मंगल से चन्द्र विशेष निर्दोष है।) इसमें मंगल को शुभ मानकर इसको मारकेशत्व दोष से नवमेश होने के कारण मुक्त किया है, और गुरु के साथ सम्बन्ध को सफलयोगकर्ता माना है।

हल्का योग–(1) चन्द्र त्रिकोणेश का पापग्रह बुध के साथ योग दूषित होने से न्यूनफलप्रद माना है।

पराशर मतानुसार मीन लग्न में बहुधा न्यूनफल वाले ही योग बनते हैं।

निष्फल योग–(1) इस लग्न में मंगल-बुध का योग निष्फल माना जाता है; क्योंकि मंगल यद्यपि नवमेश है परन्तु द्वितीयेश होने से और बुध के सप्तमेश होने से दोनों दूषित हैं, अतः यह योग निष्फल बनता है।

भावेश और कारक में अन्तर है

भावेश और किसी विषय का कारक भिन्न हैं। जैसे चौथा भाव कृषि, माता, भूमि, शिक्षा, वाहन और पशु का है तो उस भाव के स्वामी से विचारने के अतिरिक्त

उस भाव के कारक से भी फल विचारना है। इन भिन्न-भिन्न विषयों के कारक ग्रह पृथक् 2 हैं परन्तु उस भाव का भावेश एक ही है। जिस विषय को विचारना है उसका कारक कौन ग्रह है उससे फल निकालना चाहिए।

जैसे पाँचवाँ घर सन्तान और मन्त्रणा का है। मानो मेष लग्न है तो पंचमेश सूर्य होगा जो सिंह का स्वामी है! परन्तु पुत्र कारक गुरु है ये दोनों अर्थात् सूर्य और गुरु शक्तिशाली हो तो अच्छी और उन्नति शील सन्तान होती है। परन्तु मन्त्रणा शक्ति का कारक शुक्र है इससे शुक्र से भी विचार करने से मन्त्रणा शक्ति का फल प्रकट होगा।

बारहवाँ अध्याय

ज्योतिष शास्त्र के कुछ आतंकी, योग सन्दर्भ एवं दोष
मंगलीक
कालसर्प
केमद्रुम
सोढ़े-साती (शनि)
गंडमूल

ज्योतिष शास्त्र के कुछ आतंकी सन्दर्भ-योग दोष

मंगलीक, काल सर्प, केमद्रुम, साढ़ेसाती (शनि) गंडमूल नक्षत्र—ये ज्योतिष के कुछ ऐसे योग (आतंकी शब्द और सन्दर्भ) ही जिन्हें सुनते हैं जातक के हाथ-पैर फूलने लगते हैं, रक्तचाप बढ़ जाता है, शरीर पसीने से तरबतर होने लगता है। आँखों के आगे अँधेरा छाने लगता है और जातक लड़खड़ाता हुआ ज्योतिषी महाशय के चरणों में गिर पड़ता है।

ऐसा ज्योतिषी जिसने कोरे व्यवसाय के लिए ही इस विद्या में प्रवेश किया हो, उसकी तो पौंबारह। बाँछे खिल उठती हैं। जातक की कुंडली में कथित योगों में एक भी नजर आ गया, बस सर्जरी की तैयारी शुरू हो गई। दस-बीस नहीं चालीस-पचास तक का खाता खुल गया और जातक को बिना बताए उसे आई०यू०सी० में भेज दिया जाता है।

कुंडली में कथित योग होने पर किसी भी प्रकार की चिन्ता की जरूरत नहीं है। आतंकी भाव तो बिल्कुल ही नहीं रखना चाहिए। धन के लोभी व्यावसायिक भविष्य वक्ता सरल चित्त लोगों को महज एक पक्षीय फलित सुनाते जाते हैं। भयभीत जातक त्रासद भाव में अपार धन लुटाने को तत्पर हो जाता है। ज्योतिष व्यवसाय में फैले भ्रष्टाचार का यह एक ज्वलन्त उदाहरण है।

कथित दोषों में से यदि कोई एक या दो जातक की जन्म कुंडली में प्रकट होते हैं तो ऐसी स्थिति में जातक को सन्तुलित मन और धीरज से काम लेना चाहिए। कई बार कुछ विशेष स्थितियों में दोष-युक्त योग भंग हो जाता है; प्रभावहीन हो जाता

है या फिर क्षीण अवस्था में होकर सहज हो जाता है। अशुभ योग होने पर किसी श्रद्धेय ज्योतिषाचार्य या सुविज्ञ पंडित से परामर्श लेना चाहिए। आतंकी या घातक योग कई अवस्थाओं में निष्प्रभ हो जाता है, सरसरी दृष्टि से इसका पूर्ण ज्ञान नहीं हो पाता। दोष-भंग का निर्णय करनी वाली एक अलग प्रणाली है। इसे ध्यान में रखना जरूरी है।

जिस प्रकार जन्म कुंडली के किसी नीच गत ग्रह की स्थिति में नीच भंग पर विचार किया जाता है वैसे ही मंगलीक, केमद्रुम आदि योगों की शक्ति और प्रभाव पर भी दृष्टिपात करना चाहिए। कथित दोषों के बारे में कुछ विचारणीय तथ्य स्पष्ट किए जाते हैं, जो इस प्रकार हैं—

मंगलीक दोष

जन्म कुंडली में बारहवें, लग्न, दूसरे, चौथे, सातवें, आठवें—इन घरों में से मंगल किसी घर में यह एक व्यापक एवं सामान्य नियम है। इस दृष्टि से विचार करने पर प्रत्येक बारह व्यक्तियों में पाँच जातक मंगलीक दोष से ग्रस्त होंगे। परिणामतः ऐसे नर-नारियों का दाम्पत्य जीवन दुखद होगा। परन्तु व्यावहारिक में ऐसा दृष्टिगोचर नहीं होता। कारण स्पष्ट है—बहुधा कुंडलियों में मंगलीक दोष भंग हो जाता है, या मंगल ग्रह प्रभावहीन होता है। ऐसी अवस्था में मंगलीक योग कष्टप्रद या हानिकारक नहीं रहता। मंगल पर शनि की दृष्टि, मंगल शनि युति; चन्द्र-मंगल योग, गुरु मंगल योग, मंगल-शुक्र योग—कुछ ऐसी स्थितियाँ हैं जो मंगलीक दोष को काटती हैं या क्षीण करती हैं। मंगलीक दोष का निर्णय करने से पूर्व इन योगों को दृष्टि में रखना अत्यावश्यक है।

इस योग का मात्र नाम ही डर या आतंक उत्पन्न करने वाला है। वास्तव में इस योग से भयभीत होने का कोई विशेष या शास्त्रीय कारण नहीं है। मात्र ग्राहकों की खाल उधेड़ने के लिए नौसरबाज ज्योतिषी 'सर्प' 'सर्प' कहकर सरलचित्त जनता को दंशित करते हैं। काल-सर्प राहु-केतु (छाया) ग्रह उत्पन्न करते हैं। कुंडली के शेष सात ग्रह जब राहु-केतु की छाया में घिर जाते हैं—या राहु-केतु के अर्द्धाकार में आ जाते हैं। तब काल-सर्प योग कहा जाता है। इस योग में उत्पन्न जातक प्रत्येक कार्य में देरी दर्शाता है। इस योग का पूर्ण प्रभाव जानने से पूर्व और शेष ग्रहों की स्थिति, तथा कुंडली के किन घरों से काल-सर्प सम्बद्ध है—इसका परिज्ञान जरूरी है। काल-सर्प योग के धारक बहुधा जातक विश्वविख्यात व्यक्ति रहे हैं। स्व० पंडित जवाहर लाल नेहरू की जन्म कुंडली में काल सर्प योग विद्यमान है। ऐसे कई अन्य उदाहरण हमारे पास मौजूद हैं। आकाश मंडल में राहु-केतु की छाया सर्प गति से सरकती है—बस, यहीं से इस योग की फुंकार व्यावसायिक वृत्ति के ज्योतिषियों द्वारा सरलचित्त व्यक्तियों तक पहुँचने लगती है।

केमद्रुम योग

जन्म कुंडली में चन्द्र ग्रह के आगे-पीछे घर शून्य होने से यह योग बनता है। यानी चन्द्र कुंडली के बारहवें और दूसरे घरों में जब कोई भी ग्रह अवस्थित न रहे—केम-द्रुम योग चर्चित होता है। इस योग में जन्मा जातक प्रायः 30-35 वर्ष की आयु तक संघर्षशील जीवन यापन करता है। भावात्मक दृष्टि से अस्थिर रहता है तथा उसका मानसिक सन्तुलन प्रायः नहीं रहता। दाम्पत्य जीवन में देरी होती है, प्रेम रोग या प्रेम विवाह की ओर झुकाव रहता है। केमद्रुम योग भंग होने की स्थितियों में यही योग शुभ फलदायक होता है। इस योग का सही बल जानने के लिए कुंडली के शेष ग्रहों की स्थिति—पंच महापुरुष योग गज केसरी योग तथा चन्द्र-मंगल योग या युति का ध्यान रखना चाहिए। केमद्रुम योग कितना बलशाली है अथवा कितना क्षीण इस पर विधिवत विचार जरूरी है

शनि की साढ़े साती

प्रायः सुनने में आता है कि शनि का ढैय्या और साढ़े साती सामान्य लोगों को जरूरत से अधिक भयभीत और आतंकित करते हैं। इस पर भी गम्भीरता से विचार करना चाहिए। शनि की साढ़े साती प्रत्येक चाल में अशुभ नहीं होती। मकर-कुम्भ लग्न वालों का स्वामी स्वयं शनि है, अतः इन जातकों के लिए साढ़े साती विशेष अवरोधक नहीं होगी। वृष और तुला लग्नों में शनि योग कारक माना जाता है, अतः इन लग्नों वाले व्यक्तियों के जीवन काल में भी साढ़ेसाती अधिक कष्टदायक नहीं रहेगी। शनि केन्द्र में स्व-गृही अथवा उच्च राशि होकर विराजमान हो तो पंचमहापुरुष योग उत्पन्न करता है इस योग में जन्मा जातक सुविख्यात, उदात्तगुण सम्पन्न, धनी, मान्य एवं कुलदीपक होता है, ऐसे में शनि का ढैय्या और साढ़े साती कितना अशुभ फल देती है, यह विषय ज्योतिषाचार्यों के लिए विश्लेषण और अनुसंधान का है।

गंडमूल नक्षत्र

ज्योतिष शास्त्र के अनुसार कुल 27 नक्षत्र हैं। (अभिजित सहित 28) इनमें छह नक्षत्र अश्विनी, अश्लेषा, मघा, ज्येष्ठा, मूला तथा रेवती गंडमूल की संज्ञा रखते हैं। ये कथित नक्षत्र अन्य नक्षत्रों की अपेक्षा अधिक बलशाली प्रभावशाली, ऊर्जादायक एवं संवेदनशील होते हैं। इनके विशेष बल के कारण ही इन्हें अनिष्टकारी, दूषित एवं पूज्य स्वीकार किया जाता है। इन नक्षत्रों में जन्म लेने वाले जातक (व्यक्ति) अपने लिए, माता-पिता, दादा-दादी, नाना-नानी, मातुल, भाई-बहन तथा अन्य बन्धु-बान्धवों के लिए भारी एवं कष्टदायक होते हैं—ऐसे सर्वमान्य मत है अतः इन नक्षत्रों में जन्मे बच्चे के पिता को 27 दिनों तक नवजात के सम्मुख नहीं आने दिया जाता। गंडमूल

आदि नक्षत्रों में जन्मे बच्चे को पिता के लिए अहितकर या हानिकारक स्वीकार किया जाता है। इसी कारण, जन्म के 27वें दिन यानी पुनः इसी जन्म नक्षत्र के उदय होने पर गंडमूल की विधिवत् पूजा अथवा अनुष्ठान करना परमावश्यक स्वीकार किया जाता है। यह जाप या अनुष्ठान करवाने के लिए अनुष्ठान कर्ता जातक के सगे-सम्बन्धियों को भय या आतंक की स्थिति में ले जाता है।

गंडमूल नक्षत्रों में जातक का जन्म होने से पूजा का विधान है। परन्तु इस स्थिति में भयभीत होने की आवश्यकता नहीं है। प्रायः देखने में आया है कि गंडमूल नक्षत्रों में उत्पन्न व्यक्ति उच्च एवं विख्यात पदवियों को ग्रहण करते हैं। गंडमूल नक्षत्रों पर वैज्ञानिक दृष्टि से विचार करना जरूरी है। सामान्य जीवन में जब कभी बिजली का 'वोल्टेज- बढ़ जाता है तो घर के छोटे-बड़े उपकरण—टी०वी०, फ्रिज, ट्यूबलाईटस, बल्ब आदि नष्ट हो जाते हैं या फ्यूज हो जाते हैं। बिजली के प्रवाह को नियंत्रित करने के लिए 'स्टेबलाईजर' लगाया जाता है ताकि विद्युत-प्रवाह सन्तुलित एवं यथा-उपकरण रहे। बस ऐसा ही सन्तुलन या नियन्त्रण गंडमूल में उत्पन्न जातकों के लिए आवश्यक है अनुष्ठान प्रबल नक्षत्रों को सहज ऊर्जा और गति प्रदान करते हुए उनके अतिशय अनिष्टकारी ऊर्जा या दोष का निराकरण कर देता है।

तेरहवाँ अध्याय

पाठकों, सविज्ञ जिज्ञासुओं तथा ज्योतिष वेत्ताओं के लिए कुछ महत्त्वपूर्ण संकेत
ज्योतिषी को कब और कैसे सम्पर्क करें?
ज्योतिष वेत्ता अपने ग्राहक से कैसे भेंट करे।

पाठकों के लिए कुछ महत्त्वपूर्ण संकेत

भारतीय ज्योतिष शास्त्रों में ज्योतिष को ब्रह्म-विद्या की संज्ञा से अभिहित किया गया है, तथा ज्योतिष की वाणी को ब्रह्मवाक् स्वीकार किया गया है। इतने उच्च आसन पर आसीन इस विद्या के प्रेरक ज्योतिषी से इस ज्ञान के प्रति पूर्णतया समर्पित, निष्ठावान् तथा सात्त्विक वृत्तिमय होने की माँग सहज उत्पन्न हो जाती है। ज्योतिष शास्त्र के ज्ञाता को निश्छल, प्रबुद्ध, विवेकशील तथा लोक-कल्याण की भावना से अनुरंजित होना चाहिए।

इसी प्रकार जातक, सुहृदय पाठक और भविष्य जानने के प्रत्येक जिज्ञासु को इस विद्या के प्रति आस्थावान्, श्रद्धावान् तथा निष्ठावान् होने की जरूरत है। इस विद्या को महज दुकानदारी, मदारीगिरी या फिर खुले मंच पर मनोरंजन का विषय नहीं बनाना चाहिए। जिज्ञासु को भविष्य-वक्ता के सम्पर्क करते समय कुछ बातों पर विशेष ध्यान देने की आवश्यकता है जो इस प्रकार है—

केवल मनोरंजन या हलके हास-विलास के लिए ज्योतिषी के पास नहीं जाना चाहिए।

कोई व्यक्ति अकारण किसी वैद्य या चिकित्सक से सम्पर्क नहीं करता। विशेष रोग के लिए ही डॉक्टर आदि से सलाह ली जाती है। इसी प्रकार जीवन की किसी गम्भीर समस्या या दुविधा के निवारण के समय ही ज्योतिर्विद के द्वार पर जाना चाहिए।

ज्योतिषी से सम्पर्क करते समय अत्यन्त गम्भीरता तथा उत्तरदायित्व का प्रदर्शन करना चाहिए न कि हलकी व्यंग्य बाजी का ज्योतिषी के पास मार्ग-दर्शन के लिए जाना चाहिए न कि ज्योतिर्विद की परीक्षा के लिए।

विशेष प्रश्न की आकांक्षा या इच्छा पर अत्यन्त शुद्ध, निर्मल एवं सात्त्विक भाव से ज्योतिषी के पास जाना चाहिए, वह भी अपने इष्ट और परमात्मा का ध्यान करते हुए, अपने निवास से सीधा ज्योतिर्विद के कार्य स्थल तक पहुँचना चाहिए।

जहाँ तक सम्भव हो ज्योतिषी महोदय से सायं ढलने से पूर्व तक ही सम्पर्क करें। देर सायं के समय सामान्य वार्तालाप तो चल सकता है, परन्तु दिन भर का व्यस्त और थकान युक्त ज्योतिषी का चिंतन शायद इस समय तक ऊर्जायुक्त नहीं रहता। ऐसे में भविष्य कथन के प्रति पूरा न्याय नहीं हो पाता।

ज्योतिषी के सम्मुख जिज्ञासु एवं विनयशील भाव रखना चाहिए। तर्कशील या विवाद-युक्त धारणा नहीं होनी चाहिए।

बहुधा ग्राहक ज्योतिष का अल्पज्ञान रखते हैं, जब भी ये ग्राहक ज्योतिपी के द्वार पर जाते हैं, अपने सीमित ज्ञान की पिटारी खोलने लगते हैं। इस प्रवृत्ति से किनारा करना चाहिए। हाँ, यदि कोई जातक या जिज्ञासु ज्योतिष विषय पर विधिवत् शिक्षा ग्रहण करना चाहता है या फिर इस विद्या पर गहन विवाद करने का इच्छुक है तो उसे अलग से समय लेना चाहिए और उसके अनुरूप ज्योतिषी को अनुदान देना चाहिए।

ज्योतिषी के पास केवल वही समस्या लेकर जाना चाहिए जो अत्यन्त ज्वलन्त हो, जरूरी हो। प्रायः ग्राहक पूरे परिवार की कुंडलियों का बस्ता-सा उठाए ज्योतिषियों के चक्कर लगाते रहते हैं। एक साथ चार-चार या पाँच-पाँच जन्म पत्रियों का विश्लेषण करवाने की लालसा करते हैं। इस स्थिति में भविष्य कथन की मूल चेतना और भावना ही विलीन हो जाते हैं। हाँ सामान्य परिचर्चा के लिए वर्ष में केवल एक दो बार सारे परिवार की जन्म पत्रिकाओं पर ज्योतिषी महोदय के संकेत प्राप्त किए जा सकते हैं।

बिना किसी विशेष रोग या कारण के कितने लोग हैं जो डॉक्टर के पास सामान्य 'चैक अप' के लिए जाते हैं? ठीक ऐसी ही अवधारणा ज्योतिष विद्या के प्रति होनी चाहिए।

ज्योतिषी द्वारा की गई भविष्यवाणी यदि सही सिद्ध नहीं होती तो इसका कारण ज्योतिषवेत्ता का अल्पज्ञान है न कि ज्योतिष शास्त्र का संदिग्ध होना।

ग्राहक को चाहिए कि वह ज्योतिष वेत्ता के समय का समुचित मूल्यांकन करे। कई बार ऐसा होता है श्रद्धालु जातक ज्योतिष के साथ दो घंटे तक माथापच्ची करता है, समयानुसार ज्योतिषी को अनुदान नहीं दिया जाता। चलते-चलते ग्राहक सौ या दो सौ रुपए फेंक देता है। आहत मनोभाव युक्त ज्योतिषी को ऐसे में उपाय, अनुष्ठान या तन्त्र विद्या का मायाजाल फैलाना पड़ता है। ग्राहक को अल्पायु, दुर्घटना या भयानक रोग का डर बतलाते हुए वह अनुष्ठान रूप में बीस-पच्चीस हजार रुपए की पुड़िया बाँध देता है। ग्राहक बिना किसी ननुनच के अपने पर्स का मुँह खोल देता है।

ज्योतिष जगत में पनप रहे उपाय और अनुष्ठान के मायाजाल का जिम्मेदार

ज्योतिषी हैं या ग्राहक—इस विषय पर गम्भीरता से विचार होना चाहिए।

ज्योतिष जगत के सारे 'कोड' या व्यावहारिक नियम केवल ग्राहक पर ही लागू होते हैं, ऐसी बात नही। सुविज्ञ ज्योतिषवेत्ता को ग्राहक की जरूरत, स्थिति का गम्भीरता तथा उसकी श्रद्धा आदि का पूरा ध्यान रखना चाहिए। भविष्य कथन ज्योतिषी महोदय से अत्यन्त गम्भीर उत्तरदायित्व की माँग रखता है।

कई बार ग्राहक किसी ज्योतिषी से सम्पर्क करते समय कहता है, 'वैसे ही इधर से गुजर रहा था, सोचा पंडित जी से मिलता चलूँ—

या फिर कोई जातक बाजार में सब्जी का तोल-मोल करता हुआ ज्योतिषी महाशय के द्वार भी खटखटा देता है।

किसी नगर विशेष में शादी-ब्याह पर पधारे लोग या किसी व्यापारिक कामकाज में उलझे-सुलझे लोग नगर के प्रसिद्ध ज्योतिष का नाम सुनते ही तुरन्त अपना भविष्य जानने को उत्सुक हो जाते हैं। कथित इन स्थितियों में ज्योतिष विद्या के प्रति किसी प्रकार भी न्याय नहीं हो पाता। ज्योतिष विद्या अत्यन्त संवेदनशील विषय है, यह ग्राहक के मन को ज्योतिषी के मन के साथ तदरूप करके वैश्विक मन से भविष्य का संकेत प्राप्त करने की ब्रह्म-विद्या है।

चौदहवाँ अध्याय

सन्दर्भ सूची–साभार

1. ज्योतिष और आधुनिक विचारधारा, बी०वी० रामन
2. सुगम ज्योतिष प्रवेशिका, पं० गोपेश कुमार ओझा
3. ज्योतिष अद्वैत का विज्ञान, भगवान श्री रजनीश
4. ज्योतिषाध्ययन प्रवेशिका, वी० सूर्य नारायण राव
5. मानव ज्ञान, इसका प्रस्तार और सीमा, बट्रेंड रस्सल
6. विज्ञान जगत् में ज्योतिष का स्थान, आरनल्ड. डब्ल्यू मेयर
7. ज्योतिष का पाठ्य पुस्तक, ए०जे० पीयर्स
8. दैनिक जीवन और ज्योतिष, रूपरट्ग्लीडो
9. व्यक्तित्व का ज्योतिष, ढेन रूढयार
10. हिन्दु ज्योतिष, मनकरी पाण्डे
11. ज्योतिष भाग्य तथा वैश्वकारक, वी० गोरे
12. ज्योतिष का सार, गिओजे मुल्लक
13. मन की पहुँच, जे०बी० राईन
14. अशोक के फूल, डॉ. हजारी प्रसाद द्विवेदी
15. ज्योतिष विश्वकोश, हरिदत्त शर्मा
16. उत्तरकालामृत (कालिदा),व्याख्याकार, जगन्नाथ भसीन
17. ज्योतिष और काल निर्णय, डॉ० नारायण दत्त श्रीमाली
18. शीघ्रबोध, आचार्य गोविन्द पाठक
19. सत्य सिद्धान्त ज्योतिष, पं० प्रभुलाल शर्मा
20. तन्त्र विज्ञान, गोविन्द शास्त्री
21. षट् पंचाशिका, पं० माधव प्रसाद व्यास
22. मुहुर्त चिन्तामणि,
23. अनिष्ट ग्रह : कारण और निवारण, उर्मिला देवी शर्मा
24. रत्नधर्मालोक, पं० ज्ञानचन्द्र शर्मा

25. शरीर सर्वांग लक्षण, भगवान दास मीतल
26. तन्त्र मन्त्र यन्त्र, आचार्य चाणक्य
27. भुवन दीपक, प्रो० कृष्णचन्द्र
28. ज्योतिष और रोग, पं० जगन्नाथ भसीन
29. जातक अलंकार, आचार्य लषण लाल झा
30. विचित्र सागर, पं० ज्ञान चन्द्र शर्मा
31. ज्योतिष और रोग, डॉ० हरिकृष्ण छूंगानी
32. मोहिनी विद्या सिद्धि, राजेश दीक्षित
33. ज्योतिष और धनयोग, डॉ० हरिकृष्ण छंगानी
34. ज्योतिष का आधार सम्भोग, राजाराम शास्त्री
35. मन्त्र विज्ञान, गोविन्द शास्त्री
36. व्यवसाय का चुनाव, ज्योर्तिविद जगन्नाथ भसीन
37. ज्योतिष की सुनहरी किताब, एस०के० रिखी
38. प्रश्न ज्ञान प्रदीप, शम्भु सिंद
39. हठ योग प्रदीपिका, गिरीराज शास्त्री
40. चमत्कारी रत्न साधना, पं० शत्रुघ्न लाल शुक्ल
41. कर्म विपाक संहिता, पं० शम्भुदत्त त्रिपाठी
42. रत्न विवेचन, आचार्य भास्करानन्द लोहनी
43. सचित्र ज्योतिष शिक्षा, बाबू लाल ठाकुर ज्योतिषाचार्य
44. वैदिक गणित, स्वामी भारती कृष्ण तीर्थ
45. ज्योतिष और परिवार नियोजन, मेजर एस०जी० खोत
46. जन्म पत्रिका दर्पण, डॉ० नारायण दत्त श्रीमाली
47. ज्योतिष के अनुभूत रहस्य, पवन चन्दोलिया
48. ज्योतिष जगत्, दुर्गादत्त शर्मा
49. वृहत् पराशर होरा शास्त्रम, व्याख्याकार डॉ. सुरेश चन्द्र मिश्र
50. स्वार्थ चिन्तामणि, बी० सूर्य नारायण राव
51. ज्योतिष तत्त्व प्रकाश, पं० लक्ष्मीकान्त कन्याल
52. खगोल शास्त्र, वी०पी० जैन
53. चिकित्सा ज्योतिष, डॉ० एस० कृष्ण कुमार
54. वैवाहिक विलम्ब के विविध आयाम एवं मन्त्र, मृदुला त्रिवेदी
55. ज्योतिष योग साहस्त्री, डॉ० भोजराज द्विवेदी
56. सन्तान सुख सर्वांग चिन्तन, मृदुला त्रिवेदी
57. भारतीय ज्योतिष, डॉ० नेमिचन्द्र शास्त्री
58. शनि शमन, मृदुला त्रिवेदी

59. शत्रु दमन, मृदुला त्रिवेदी
60. जातक परिजात, गोपेरा कुमार ओझा
61. जातक तत्त्वम, डॉ० सुरेश चन्द्र मिश्र
62. वृहज्जातकम, पं० केदारदत्त जोशी
63. ज्योतिष रत्नाकर, देवी नन्दन सिंह
64. जातक देश मार्ग, गोपेरा कुमार ओझा
65. सारावली, डॉ० मुरलीधर चतुर्वेदी
66. विवाह का समय, भारतीय प्राच्य एवं सनातन विज्ञान स्थान
67. सन्तान सुख सर्वांग चिन्तन, मृदुला त्रिवेदी
68. ज्योतिष और रोग विचार, डॉ० भोजराज द्विवेदी
69. भावफल विचार, कृष्ण कुमार
70. कुंडली मिलान, कृष्ण कुमार
71. दाम्पत्य सुख, डॉ० शुकदेव चतुर्वेदी
72. नक्षत्रफल दर्पण, डॉ० गौरी शंकर कपूर
73. फलित ज्योतिष रेडी रेकनर, तिलक सिंह तिलक
74. ज्योतिष योग दर्पण, राधा कृष्ण शर्मा
75. उडुदाय : प्रदीप, पं० मुकन्द वल्लभ
76. भारतीय ज्योतिष, डॉ. नारायण दत्त श्रीमाली
77. जन्म-पत्री रचना, डॉ० नारायण दत्त श्रीमाली
78. फलित ज्योतिष, डॉ० नारायण दत्त श्रीमाली

पत्रिकाएँ

1. कादम्बिनी ज्योतिष का सच : नवम्बर 2004
2. सौभाग्य दीप

English

1. Three hundred Important combination, Dr. B.V. Raman
2. Catchism of Astrology, Dr. B.V. Raman
3. Prasna Tantra, Dr. B.V. Raman
4. How to Indgca horoscope, Dr. B.V. Raman
5. A manual of Hindu Astrology, Dr. B.V. Raman
6. Hindn pradictine Astrology, Dr. B.V. Raman
7. Bhavaratha Rattanakar, Dr. B.V. Raman
8. Graha of Bhava Blas, Dr. B.V. Raman

9. Jataka chamdrica, B. Surya Narayen Raw
10. Rahu and Ketu in predictve Astrology, Manik chand jain
11. Astrology, Bujht
12. Every day Astrology, V.A.K. Ayer
13. The cosmic Massiage, Reiwhred Ebertini
14. The Prediction Book of Astrology, Peter West & Logon
15. Marriage married life and chldren, K.S. Krishna Murti
16. How to gudge a nalivity, Alanles
17. Pradictive Astrology and Financial Prosperity, Mahavir Tuli
18. Healing throgh Gems, N.N. Saha
19. The New Astrology. Mattin seymur smith
20. The Modern Text Book of Astrology, Margaret E. Hone

Magazine

1. Astrological Magazine

❑❑❑